ライフオーガナイザーによる心地よい人生を送るための暮らし方

100% Real Kitchen

100%リアルキッチン

contents

Part 2
Special Seminar
キッチン特別講座

Part 3
Tips 123
キッチン知恵袋

利き脳について

ライフオーガナイズでは、自分に合う片づけ方法を見つけるひとつの手がかりとして「利き脳」を参考にしています。京都大学名誉教授の坂野登氏の考え方をベースに、日本ライフオーガナイザー協会が片づけ方法に応用し、その傾向を分類しまとめたものです。脳を右脳と左脳と大きく分けると、それぞれに役割分担があるといいます。そして利き手、利き足と同じく、脳にも人によって得意とするほうがあるといいます。簡単にいうと、右脳はひらめきや直感、イメージなどを処理する脳。空間認知や色、形などをとらえるのが得意です。左脳は話したり、書いたり、論理的な認知や処理を担当。文字情報や数字、きちんとコツコツ計画的に物事を進めるのも得意です。情報を目や耳からインプットするとき（片づけでいうと、ものを見つけるときなど）、取り入れた情報を思考や学習をしたあとに言葉や行動でアウトプットするとき（片づけでいうと、ものを収納スペースに戻すときなど）にどちらの脳が優位に働いているかがわかれば、「きちんとたたんで引き出しに入れてラベルを貼ったほうがいい」「透明のケースにざっくり入れたほうがいい」など、よりスムーズな収納や片づけの仕組みを作っていけます。もちろんどんな場合も例外はありますが、自分に合う片づけ方法を見つけるための参考材料と捉えています。
本書のPart 3にある「左右」「右右」などはインプットとアウトプットの順番に利き脳を表したものです。

prologue

ラクに楽しく美しく暮らしたい

『ライフオーガナイズ』

この言葉を知ったのは、2009年のこと。片づけが苦手で「やりっぱなしのぱなしちゃん」と呼ばれ続けたわたしが、大の苦手な片づけを克服しようと日々奮闘し、数年経った頃のことでした。

ライフオーガナイズとは、米国のプロのオーガナイザーが実践する片づけの手法をベースに、日本人向けに体系化したもの。その講座を学べると知り、さっそく受講しました。そこで学んだのは、ものを捨てれば片づくという話でもなければ、収納のテクニックでもなく、ある意味、とてもシンプルな、けれども「深い」ことでした。

それは、「自分をよく知る」ということでした。

「わたしはどのように暮らしたいの？」

「わたしはどんな自分でありたいの？」

「わたしは家族とどんな関係を築きたいの？」

片づけには直接関係なさそうなそんな問いから始まり、さらには、

「わたしはどんなものが好き？」

「わたしはこれを使いたい？」

と、どんどん自分に問いかけて、「わたし」という軸を見極めていくのです。

実際のところ片づけの悩みは、自分が何を望んでいるのか、何にストレスを感じているのかがわからない限り、解決しません。どれだけ収納の本を読んでも、人気ブロガーの真似をしても、収納グッズを買いそろえても、自分にとって心地いい空間はつくれず、一瞬スッキリしても維持はできません。

「自分にとっての心地よさを深く考えること」。それが片づけられるようになる最大のコツです。わたし自身の体験として、またライフオーガナイザーとしてたくさんのお客様と接したいま、そう確信しています。

自分の価値観がわかり、自分の軸がしっかりしてくると、自ずとものは減り、暮らし方はシンプルになっていくものです。小手先のテクニックも必要ありません。

自分にとって ちょうどいいキッチン

本書では、自分を知り、自分らしい方法でオリジナルの「キッチンスタイル」と自分サイズの「ちょうどいい暮らし」を手に入れたライフオーガナイザーをご紹介します。片づけや収納の工夫やアイデアもご紹介します。

みんな最初から片づけが上手だったわけではなく、試行錯誤しながら、自分にとってラクな収納方法や、家族にもやさしい片づけ方を見つけ、居心地のよいキッチンをつくってきました。「素敵な誰かのお洒落なキッチン」の真似ではなく、「憧れるけれど実践できない丁寧な暮らしをするキッチン」でもない、「わたしが心地いい、わたしが快適なキッチン」ばかりです。

そのキッチンで、毎日のお料理や後片づけを楽しみ、気持ちよく過ごし、家族と笑う。また、効率よく動くことによってできた時間を好きなことに費やしています。

片づけは、日々の暮らしを楽しむために行うのです。

また一見同じように見える収納や工夫やアイデアも、そこに至るまでの理由やプロセスが違います。今回責任編集というお役目を頂戴し、さまざまなキッチンのオーガナイズ事例をこの目で確かめ、「考え方ややり方に正解はない」「人それぞれ」と、あらためて思いました。

そして「自分軸」に沿って整えられた空間は、「美しい」ということも感じました。「片づけの目的は、ただ見た目を美しく整えることではありません」と、お伝えしています。しかし実際のところ、オーガナイズによって自分の価値観がはっきりし、大切なものが選び取れるようになると、結果的に空間が整い、美しくなるのです。最初は探し物やものが取りにくいといったストレスがなくなり、やがて見た目がスッキリと整い、さらに美しく進化していく。そんな数々の進歩を見てきました。

きちんと「軸」のある空間は、美しいものです。

「軸」のある美しい空間は、ラクで楽しく機能的なものです。

そして美しく整うことによって、さらにその美しさを保とうと片づけが進む「プラスのスパイラル」が生まれることでしょう。

キッチンから
暮らしのすべてが始まります

暮らしの真ん中にあるキッチンは、そこで暮らす人の「ライフスタイル」の象徴だと感じます。
キッチンは家族みんなのために安心安全な食事を作る場所、家族の健康と人生をバックアップする基地、いわば、主婦のコックピットです。
それだけに、キッチンを整えることは、心地よい暮らしと家族の笑顔にダイレクトにつながります。そしてキッチンがアクティブに回り出せば、「わたしらしい人生」もきっと手にすることができると思っています。

みなさんのキッチンも、どうぞ「ラクに楽しく美しく」なりますように。
そして愛情たっぷりのお料理と、たくさんの笑顔と健康が生まれますように。

本書がそのきっかけとなれば、これほどうれしいことはありません。

ライフオーガナイザー　鈴木尚子

Part 1

Real Kitchen

ライフオーガナイザーのキッチンスタイル

作って、食べて、片づけて。
毎日の台所仕事を楽しむ
7人のキッチンと暮らし方をご紹介します。

case 1

家族みんなが積極的に
お手伝いしてくれる
キッチンになりました

窓からの光がたっぷり入る明るいキッチンは、家族みんなにとって居心地のよい空間。自然と集まり、料理やお手伝いをするように。

平日はフルタイムで働く末安恵子さん。忙しいからこそ家は五感が満たされる落ち着いた空間が理想とか。手作りが大好きでリビングのキャビネットに飾られたミツロウのアロマキャンドルもそのひとつ。某有名コーヒー店勤務の経験があり、バリスタとして活躍したことも。

Keiko Sueyasu

カウンター越しに家族と会話しながら食事の用意ができ、大好きな庭も見渡せる開放的なキッチン。朝食はカウンターテーブルで。

末安恵子さん

data

茨城県在住
夫と長男（中3）、長女（小6）の
4人暮らし
一戸建て 4LDK 177.15㎡
キッチン 9.8㎡ 約6帖
パントリー兼ワークエリア 4.48㎡
築10年

利き脳

インプット…右脳
アウトプット…左脳

プロフィール　暮らしソサエティ主宰。大嫌いだった片づけを克服し、ライフオーガナイザーに。働いていても、子育て中でも、「暮らしを整えることで、こんなにも有意義に充実した日々を過ごせる」ということを、もっと多くの方に実感してもらいたい!!との想いで日々活動中。バリスタの経験を活かした、自宅が好きになる収納レッスン開講中。

バリの家具、アンティークのステンドグラスやポスターなど好きなものがバランスよく配された心地よい空間。黒い壁面は自らペンキを塗ったお気に入り。

カフェコーナー。ものの量はできる限り絞って使わないものは手放してきたけれど、大好きなカフェグッズは使用頻度にかかわらずキープ。

五感がよろこぶものに囲まれて暮らしたい

末安恵子さんが転勤先であるこの地に自宅を構えようと決めたのは、「豊かな自然の中で子育てしたい」と思ったから。そして、「わたしにとって五感が満たされることが大切と気づいたから」といいます。

玄関やリビングのドアを開けた瞬間に感じる香り、目に入る好きなものや雑貨、まったりしたいときのボサノバやカフェミュージック、リネンの手触り、そしてキッチンから生まれる料理やコーヒーを味わうひととき。それが末安さんの暮らしを豊かにする大切な「基準」なのです。

その言葉どおりの空間は、オーベルジュを思わせる心地よさ。

しかしかつて「泥棒に入られたことにも気づかなかった」というほどまったく片づけられない時期があったそう。子育てに明け暮れる日々、友人からは「いつもきれいにしてるね」と褒められても、それは見えるところだけ。「毎日探し物ばかりでした」。そして整理収納を学び、ライフオーガナイザーになったあと、

デザインが好きなもの、気分が上がるものは見せる収納に。子どもたちが玄米を精米してごはんを炊いてくれたり、ご主人がコーヒーを入れてくれたりと、ものが見えることによって家族みんなが積極的にお手伝いしやすい効果も。トマト缶は見せる収納と在庫管理を兼ねて。キッチンからパントリーに続くスタイリッシュな壁を見てさらにモチベーションアップ。

my favorites

片づけは加速して進んだそうです。「自分を知ることができたからですね。大雑把で面倒くさがり屋な自分の性格が以前は好きではありませんでしたが、ありのままを受け入れたからこそ、自分に合った収納やものの持ち方がわかったんです」

キッチンも、ものを持ちすぎないように、「これくらいなら自分で片づけられる」という量を維持。「家族も探しやすく見つけやすいし、何より作業がしやすいです」

仕事から帰ると、子どもが玄米を精米して炊いてくれていたり、休日の朝にご主人がコーヒーを入れてくれたり、といつの間にかみんなが集まるキッチンになりました。

バックカウンターの引き出し。カトラリーは4人分が基本。同じブランドで買い足しができる定番品をチョイスし、来客時は割り箸を使用。収納はステンレス、木製など、材質別に分類することで出し入れがラクになった。

収納のルール

rule 1
分類しすぎない
細かく分けずにざっくり収納が維持しやすい

rule 2
持ちすぎない
ストック過剰にならないように適量をキープ

rule 3
もとに戻す
使ったあとは定位置に戻す

シンク側の引き出しに、ごま、わかめ、ふりかけなどをフレッシュフロックに移して一括収納。動かないようにプラ板で仕切り、蓋にラベリング。小麦粉、昆布、かつお節も容器に移してから手軽にだしをとることが増えた。

扉の裏には飲み忘れないようサプリメントがスタンバイ。炊飯時に入れる雑穀も収納。

ハサミやピーラーなどキッチンツールも材質で分けるようにしてから使いやすさがアップ。

調理中によく使う砂糖や塩はWECKのガラス容器に。計量スプーンも出しっぱなし。

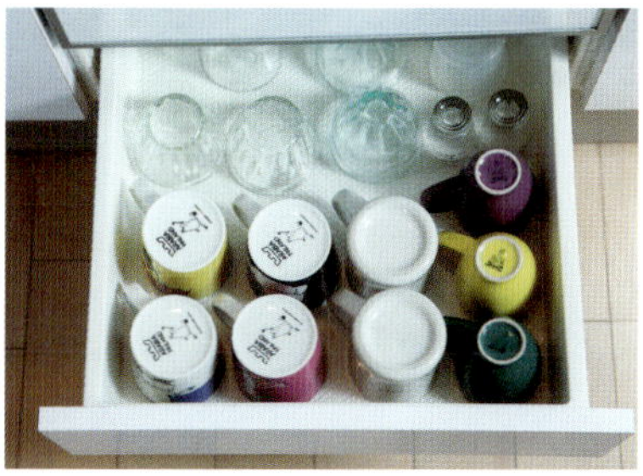

シンク側の引き出しに普段使いのグラスやマグカップを伏せて収納。滑り止めは必須。

ストックは持ちすぎないように気をつけ、製菓材料、乾物、粉類などざっくり収納に。

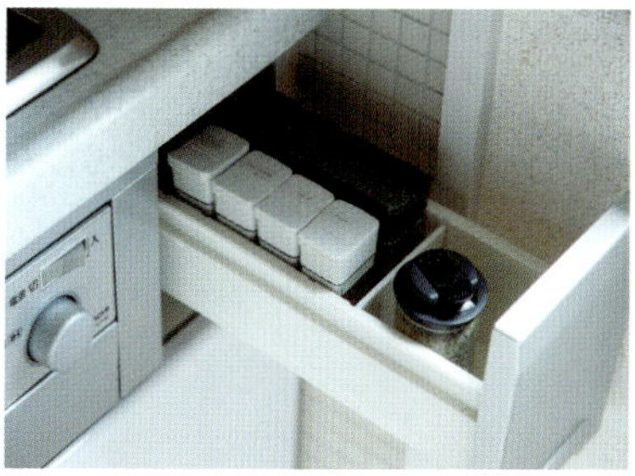

IHコンロ下の引き出しにはsarasaのスパイスボトルで一括収納。デザインがお気に入り。

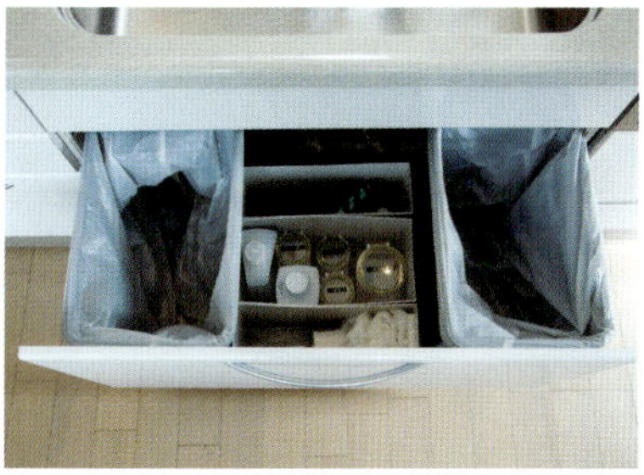

シンク下にゴミ箱のスペースを確保。生ゴミが捨てやすくホコリも防げる。

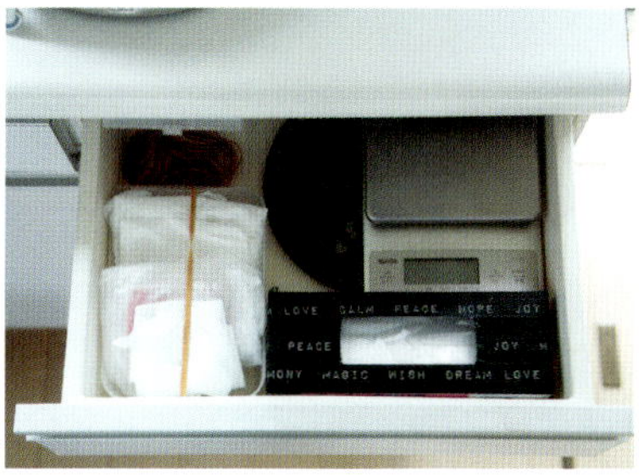

CO-OPのキッチン用ポリ袋はリメイクした箱に入れてすっきり収納。レジ袋もこれだけ。

普段用の食器と来客用は分けず、トレーやナプキンを利用して枚数を増やさない工夫をしている。

storage

キッチンに立ったときに目に入るものは、お気に入りでそろえて気分をアップ。DIYで黒く塗った壁の時計、アンティークのステンドグラスなど「好き」だけの空間は心地よさたっぷり。隣はパントリー兼ワークスペースで料理と仕事を同時進行できる。

ものの持ち方の基準は自分のキャパで管理できるかどうか

キッチン隣にあるパントリー兼ワークスペース。フードプロセッサーや調味料のストック、キッチン雑貨、資源ゴミなどキッチン周りのものと、書類や文具など事務用品や生活雑貨を一括管理。

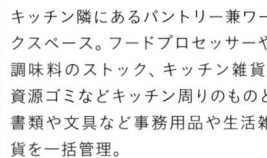

やわらかい素材のプレイスマットはマグネット付きのクリップに挟んで、スチールラックの横にくっつけて収納。

キッチンでも事務仕事でもよく使うマスキングテープは硬質パルプの引き出しに。こまごましたものにも定位置を決めると散らからない。

缶、瓶などの資源ゴミは、ゴミ箱に入れずに無印良品の布製バッグを使用。パントリーに入ってすぐの棚だから捨てやすい。

缶詰やクッキーを収納。防災備蓄は意識するけれど、ここに入るくらいが適量。ストック過剰にならないように気をつけている。

クッキーの型は無印良品のPPケースの引き出しに。無印良品はモジュールが決まっているのでサイズを気にしなくても失敗がなく安心。

調味料や油などのストックは、アスクルのパルプボード収納ボックスに。キャスターが付いているから重くても出し入れがラク。

storage 2

お休みの朝はコーヒーとともに　末安さんちの朝ごはん

[蒸し鶏のホットサンド（2人分）] ①セロリ1/2本と玉ねぎ1/4個は薄切りにして塩少々をまぶす。②マヨネーズ・粒マスタード・はちみつ各適量を混ぜ合わせ、一口大に切った蒸し鶏（胸肉）1枚分と〈①〉を和える。③パンはトースターで片面焼き、焼いてない面にバターを塗り、リーフレタスと〈②〉を挟む。
[クラムチャウダー（2人分）] ①あさり200gを湯300ccでゆでてザルにとり、ゆで汁はとっておく。②ベーコン2枚、玉ねぎ1/2個、人参1/2本、じゃがいも1個は小さく切り、バター10gで炒め、米粉大さじ2をからめる。③〈①〉のゆで汁とコンソメ1個を加えて煮、豆乳300ccとあさりを加えて塩・こしょうする。
[黄金コンビのヨーグルト] 無糖ヨーグルトにバナナとキウイを加え、きな粉とはちみつをかける。

休日の朝はこんなカフェ風ごはんで。そよそよと気持ちのよい風が吹き抜けるLDKやテラスでいただく朝ごはんは至福のひととき。

MY STYLE

整った空間と愛情のこもった料理を用意してあげたい

ものにあふれた空間にうんざりしていたあの頃。仕事から戻って片づけから始まる夕食の時間。疲れた体や頭がさらに疲れる気がしたものです。

いまは最初に帰る家族のために、わが家なりの落ち着いた、整った空間を用意してあげたいと日々思います。

To eat is to live.

食べることは生きること。

大切な役目を担うキッチンです。昔から母の影響か、食には関心が強いほうでした。ただ忙しさのあまり食に対して適当になっていた時期もありました。いまは子どもの成長期にあり、栄養バランスを意識的に考え、母から影響を受けたように、子どもにも食の大切さを引き継いでいく必要があると感じています。食材にはこだわりますが、在庫管理は簡単に。使用頻度の少ない調味料は何か代用できないか考えたりして無駄買いや在庫過多がなくなりました。

1日の多くを占めるキッチンにいる時間。わが家のキッチンはリビングとの境界線がないこともあり、このキッチンで宿題、工作、読書をし、学校での出来事や友だちのこと、将来のことをたくさん話して悩みや喜びを共有します。ときには手の込んだ、ときには手抜きの、でも愛情のこもった料理を食べ、心身ともに明日へのエネルギーチャージをする場所となっています。

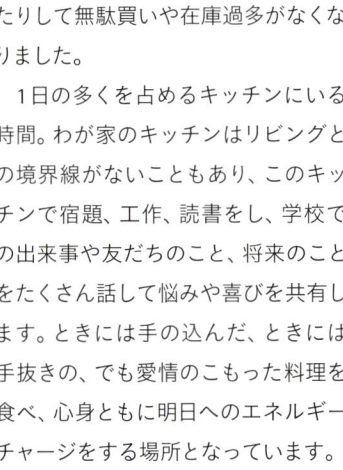

case 2

キッチンから生まれる
日々の暮らしを
大切にしていきたい

台形の形のリビングキッチンの空間に斜めに配置したセミオープンなキッチンには、週末や長期休暇など親戚、友人関係と誰かしらが集い賑やかな食事の風景が繰り広げられる。

もともとは片づけが苦手だったという高山一子さん、いまは収納家具の監修をするまでに。

テーブルの上にはインテリアになじむゴミ箱を置いて子どもの片づけの習慣づくりに。

Ichiko Takayama

すべての持ち物がスッキリ収まるようにサイズ、モジュールを考慮して設計したキッチン。うっとり収納でモチベーションが上がる。

高山一子さん

data

京都府在住
夫と長女（中3）、
長男（小3）の4人暮らし
一戸建て5LDK 183.21㎡
キッチンダイニング 7.18㎡ 4.3帖
パントリー 6.31㎡ 3.8帖
築5年

利き脳

インプット…右脳
アウトプット…左脳

プロフィール　SMART-WORKSを主宰。思うように片づけられず、自分自身も整理できなかったことでさまざまな場面で遠回りしてきた経験を活かし、オーガナイズの手法をもとに心地よい空間づくりの方法をセミナー講師として伝えるほか、5名のメンバーとともに個人宅を中心に片づけのサポートをする。

一目ぼれした真鍮のブラックランプをアクセントにしたダイニングキッチン。キッチンに立ち上がりをつけることでいつでもスッキリした印象をキープ。

扉は上に開くように設計。開けたままでも頭がぶつからないので安心。右側の棚には子どもの手が届くようにお茶やシリアルを収納。

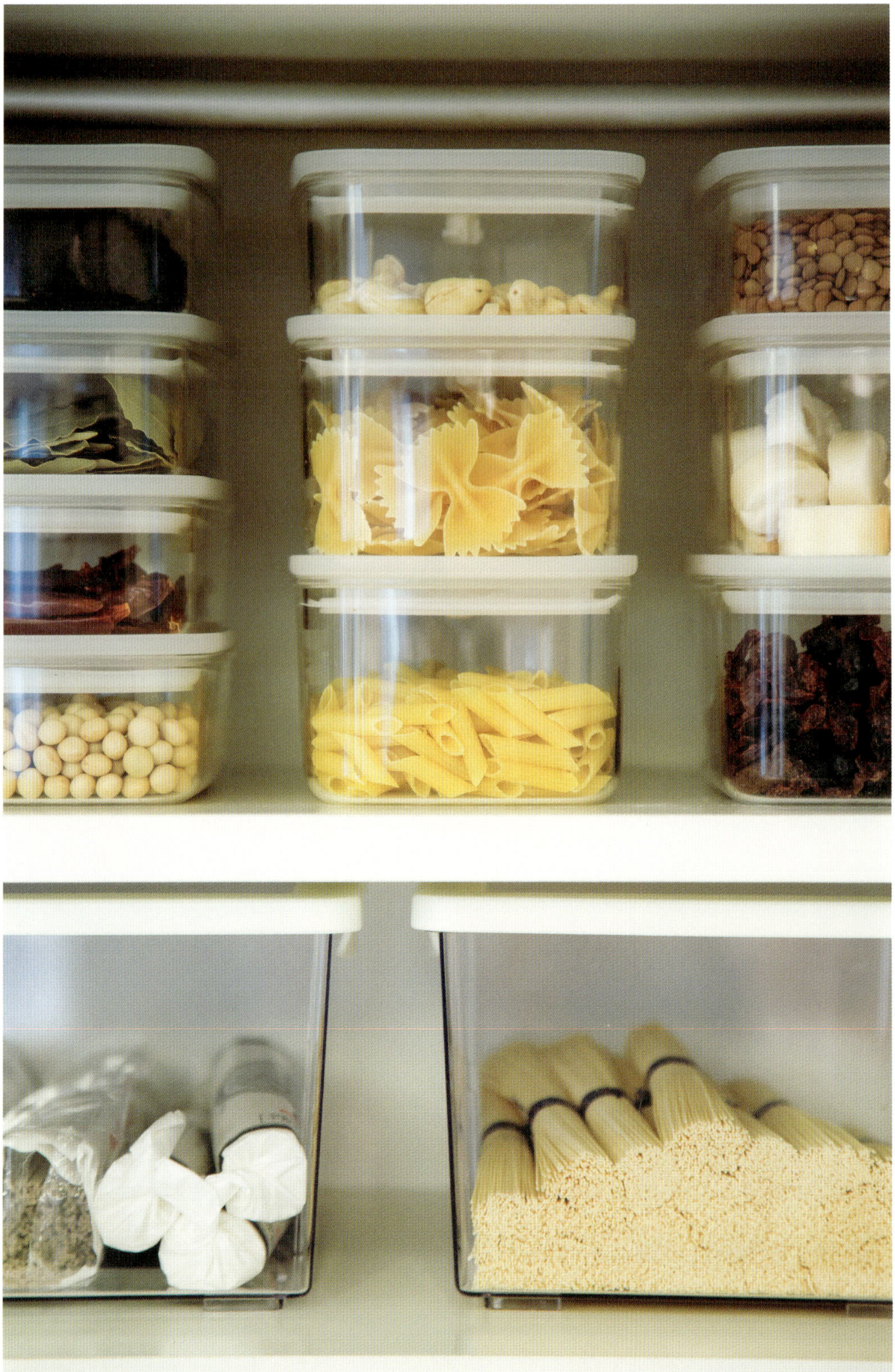

乾物類を透明の保存容器を使って見える化することで使い忘れを防いで在庫管理がしやすいように。容器は無印良品のもの。

キッチンは人が集まり
つながり成長する場所

「同じ火で作ったものを一緒に食べることが家族には大切」

幼い頃一緒に住んでいたおばあちゃんの何気ない言葉が「食」の原点と、高山一子さんは話します。当時は近所に住む従姉妹たちと自由に行き来して食事をともにすることもしょっちゅう、また突然の来客も珍しくなく、家はいつも賑やかでした。

その文化を受け継ぎ、いまも「週末には両親、姉や従姉妹とその子どもたちが集まり、大家族となって食卓を囲んでいる」のだそうです。それにともない、キッチンは「料理教室のようにみんなにわかりやすく使いやすい」が基本。高山さん自身、もともとは片づけが苦手というだけに、「もっと簡単に」「もっとラクに」と試行錯誤した結果、留守をしても、家族が困らないキッチンになりました。

また高山さんにとって「子どもの自立を促す」というのも大事なテーマだといいます。

「その意味でもキッチンを使いやすく整えたことで、息子が卵料理を作ったり、娘がお友だちと『お菓子作り大会』を開催したりするようになったのは、親としてうれしいことですね」

my favorites

写真右上／大型のジューサーに合わせて変形の可動式棚板をオーダー。右下／パン専用のカゴで定位置管理。左下／ザ・コンランショップで購入したブリキのアルファベットオブジェ。果物は大きめのスチールカゴを網で底上げしてフルーツバスケットにアレンジ。左上／シボネ 青山で購入したオーパスストレージ。見えることで「あ、お米がない」を防ぐ。

普段は大きな引き戸を開けたままにして使える食器棚は白と黒の食器でまとめてスッキリした印象に。白が多い空間にブラウンやブラックを多く使って引き締めることでハンサムなインテリアになるようにしている。

収納のルール

rule 1

ラク

きっちりしたシステムは苦手

rule 2

定位置管理

家族にもわかりやすい収納

rule 3

物量

在庫管理しやすい量

スパイスや粉類は同じ収納用品に詰め替えて機能的にスッキリ収納。透明の容器、さらにラベリングで誰が見ても中身がわかりやすい。手前／viv耐熱ガラスキャニスター、中央／KINTキャスト ガラスリッドキャニスター、奥／ダルトン

袋類は細かく分けずファイルBOXにざっくり収納。ラップ類は1ストックが基本。

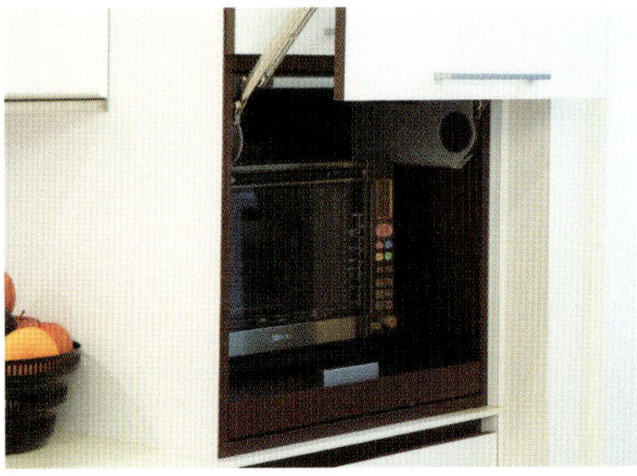

電子レンジも使うときのみ扉を開けたまま使用できるよう設計。レンジが古くなっても気にならない。

子どもたちがお手伝いしやすい8割収納。色や形をそろえているので簡単に戻せる。

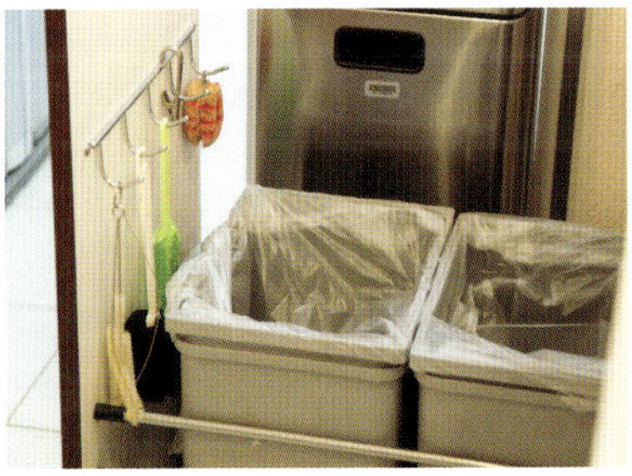

リサイクル品のゴミ箱は専用の既存の蓋を取って使用。家族もラクに捨てられ後回しがなくなった。

土鍋やホットプレートなどの大型のキッチングッズは設計時に大きさを計り、定位置管理。

コースター、茶托、ランチョンマットなど来客時に必要なものをざっくりと一括収納。

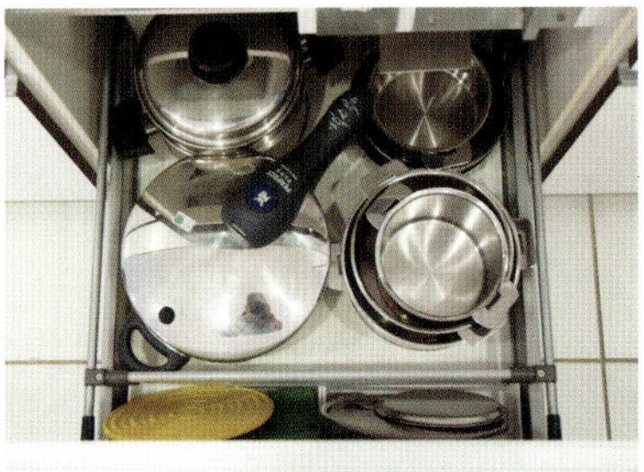

鍋はハンドルが着脱自在で入れ子にできるクリステルを愛用。場所をとらずコンパクトに収納。

包丁は専用収納に差し込み収納。高さがピッタリのジップロックは詰め替えずそのまま使用。

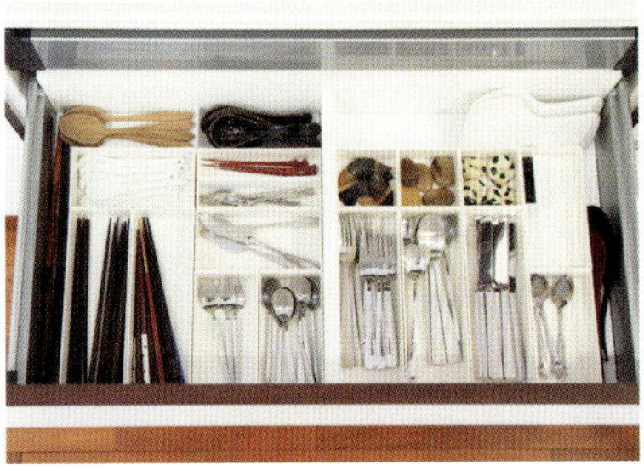

収納用品で仕切りながら中はざっくり収納できるように。KEYUCAの小物入れケースを利用。

storage

フライパンや蓋は、無印良品のファイルBOXを使って収納。取り出しやすく戻しやすい。

storage 2

キッチン横のパントリー。単なる倉庫にならないように見た目にもこだわってインテリアを意識しながら楽しく収納。ラベリングがあるので家族も迷わない。お菓子の管理はIKEAの数字のラベルを使って工夫。①食べかけのお菓子②新しいもの③大人のおつまみに分けて食べ残しがないように。

『うっとり収納』にしたら在庫管理ができるように！

「本来は、家事も片づけも上手ではない」という高山さん。だからこそ、見た目が「好き」というのは、やる気スイッチを入れる大切な条件です。

パントリーはともすれば、単なる倉庫になりがちですが、あえて『うっとり収納』にこだわりました。見えるところはスッキリ美しく、ケースの中はざっくりでOK。きっちりしすぎたシステムは、維持できないのでこのバランスが大事です。インテリアにもこだわった収納にしてからは、在庫管理がラクにできるようになったとか。

ただオリジナルのラベリングは、自分のためではなく家族のため。

「わたしはどこに何があるのか、文字を読まずに場所で覚えているので必要ないのですが、家族が迷わないようにラベルをつけています」

写真左上／小学生の長男がおやつに自分で作って食べるカップめんやインスタントものをざっくり収納（IKEA TROFAST）。右／古紙や雑誌は収納用品を使い分別。間から入れられるのでラク（IKEA PLUGGIS）。左下／靴やペットの犬を洗う。掃除グッズも一元管理。

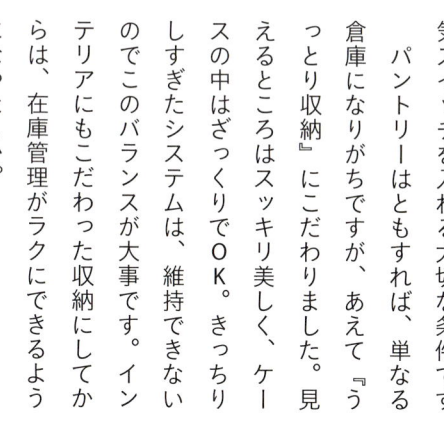

家族が迷わないようにラベリング。ブラックのオープン2段カゴにはいただきものの賞味期限があるものをディスプレイしながら管理。

高山さんちの朝ごはん

朝は野菜たっぷりがお約束

[**おにぎり**]ごはん、のり、六助の塩
[**ジャーサラダ**]人参1/2本、大根1/4本、きゅうり1本、トマト適量を1cm角に切り、オリーブオイル・ビネガー・レモン汁・醤油・塩・こしょうで和える。
[**野菜と果物のスムージー**]キャベツ1/6玉、トマト1個、小松菜1/2束、リンゴ1個、人参1本、オレンジ1/2個をミキサーにかける。
＊おにぎりの塩はおいしいものを。
＊ジャーサラダは、瓶に入れて作り置き。

朝はスムージーやサラダで野菜をたっぷりとるのが習慣。シンプルなおにぎりだが、塩とのりにはこだわる。

MY STYLE

祖母や母の味をそろそろ娘にも伝えていきたいです

働くお母さんにとって共通の悩みと思いますが、キッチンでも常に「時短」を意識し、いかに効率よく体にいいものを作っていけるかが日々の課題です。たとえばおかずを1食分多めに作ってお弁当用に冷凍保存したり、あわただしい朝でも野菜や果物を手軽に食べられるようにジュースやスープを作ったり……。どんなに忙しくても栄養バランスは譲れない点ですね。もちろん、どうにも疲れてお惣菜を並べる日もあれば、外食する日もあります。がんばりすぎてイライラするよりも笑っているほうが家族にとっても自分にとってもいいですから。ただ、「キッチンの乱れは心や時間の乱れのバロメーター」と思っています。かなり余裕がないというサインですね。そんなときは、あえて落ち着いて料理をしながら生活を見直し、気持ちをリセットするようにしています。

最近娘が「お料理教えて」というようになりました。先日は有名イタリアンシェフのレシピにふたりで挑戦しました。おいしくできて楽しかった。「お姉ちゃんが作った」というと息子もうれしそうに食べていましたね。たたきごぼうや小いもの炊いたんなど、祖母がよく作ってくれた京都のおばんざいを、わたしも母から教えてもらっていますが、そろそろ娘にも伝える頃でしょうか。これからはそんな時間も大切にしていきたいと思っています。

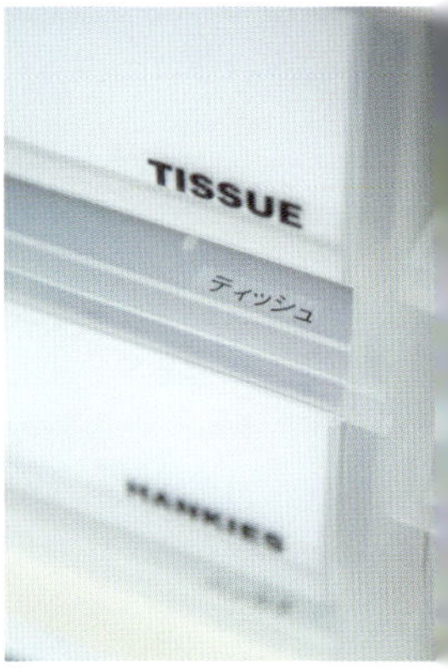

2階の部屋に何度も行かなくて済むように学校や習い事の準備ができるコーナーを設置。制服、ティッシュ、メガネなど必需品を管理。ラベリングは英語だが上から見たときにひっそり日本語が見える仕組み。郵便物などの緊急性の高いものはファイルBOX管理で。普段は向きを反対にしてわかりやすくしている。カレンダーには子どもが安心して留守番できるように仕事の終了時間を書いている。

case 3

人が集まりくつろげる
カフェのような
キッチンをつくりたい

清潔感あふれる真っ白なキッチン。床は汚れに強い大判タイルをチョイスしてラクにキレイを維持している。黒板は壁に貼れるシートタイプ。

インテリアコーディネーター、掃除のプロなどのキャリアを持つ竹内真理さん。

部屋の模様替えが子どもの頃からの趣味で、インテリアを考えることが楽しくて仕方ない。ポストカードもかわいくディスプレイ。

Mari Takeuchi

見ていて心地よくなるものだけを飾るのがルール。簡単なDIYならお手のもの、白い収納棚にウッドデッキ用の板をつなげて天板に。

竹内真理さん

data

徳島県在住
長女（20歳）、
長男（18歳専門学校生）と
3人暮らし
一戸建て 5LDK 140㎡
キッチン 10.8㎡ 約6帖
築9年

利き脳

インプット…右脳
アウトプット…左脳

プロフィール　ライフオーガナイズスタジオ エクリュプラス主宰。現在は「徳島お片付けラボ」としてチームで活動している。収納・家事動線・インテリア等の家づくりにおけるソフト面の悩みに対し、100%お客様の立場に立ちサポートするセカンドオピニオンサービスに力を入れている。

タイル張りにこだわってオーダーしたキッチンカウンターや見せるものを厳選したオープン棚などカフェのようなデザイン性と居心地のよさを追求したダイニングキッチン。

お気に入りのみ見せる収納。白い小物が映えるように背後に色ものを置いたり、シルバーのアクセントやカードを飾ったりと遊びもプラス。定位置は使用頻度で決定。

お部屋の模様替えが大好きだった子どもの頃から、インテリアに対する熱い想いは変わらないという竹内真理さん。リビングダイニング、そしてキッチンと、一つひとつ丁寧にものを選び空間を整えていることが伝わってきます。バックヤードもスッキリです。

しかしここに至るまでには紆余曲折がありました。20代は子育てに明け暮れ、本格的にインテリアの勉強をしたのは子どもが小学校に上がり少し手が離れてから。そしてインテリアを語るには基本からと、ハウスクリーニングの仕事を経験。多くの家を訪問し、ものが整理されていない家でどんなに掃除をしても、スッキリとは暮らせないことを実感します。

続いて工務店で念願のインテリアコーディネーターとして設計に携わりますが、ヒアリングだけではお客様の家の物量を把握できず、無駄な収納スペースを作るという失敗も。

竹内さんの自宅も「なんちゃってきれい好きなので、パッと見きれいでも、無駄なものばかりで探し物が多く、快適とはいえませんでした」

夢をひとつずつ叶える ダイニングキッチン

そんなときにライフオーガナイズと出合い「暮らしの土台」の大切さを実感します。本当に自分がしたいこと、大事に思っていることを真剣に考えた末、やっと家が整いました。

キッチンも、使っていない鍋やキッチンツール、賞味期限の切れた食品を手放し、空間に余裕が生まれて

コンロ脇のタイルは「名古屋モザイク」。たまに軽く洗剤で拭き掃除するくらいで汚れが目立たず使い勝手がいい。レンジフードにフライパンを吊り収納。

写真右／調理に使う醤油とオイルはポットに移し替え。下のトレーは野田琺瑯レクタングル浅型Sで液だれによる汚れを防止。よく使うキッチンツールは出しっぱなし。左／フックはIDEEのもの。麻の布袋はペットボトルのキャップ入れ。

在庫管理もラクになりました。「以前、小麦粉から虫が出てきたことがありましたが、そんな恐怖体験ももうありません」（笑）

仕事でもライフオーガナイザーとして新たな一歩を踏み出せたようです。

「これまでの経験がすべてつながった気がします。時間はかかりましたが、これからが本当の意味でのスタートです。住まいのことで悩める方に対して、もっと深い視点でお役に立ちたいと思っています」

カフェのようなダイニングキッチンにはいま、多くの仕事仲間が集まっています。

my favorites

写真右／来客が多いのでデュラレックスのグラスはカウンターに出しっぱなし。グラスを載せたトレーは倉敷意匠のもの。左／砂糖はガラスの瓶に入れてバックカウンターに。使い切る前に継ぎ足したが地層のようでかわいいと意外と気に入っている。

食品庫の内部。奥に死蔵品をためてしまいがちだった反省から、スーパーの陳列をモデルとした「前出し」に。奥には何も置かないのが基本で、一部来客用の食器などの定位置になっている。食品を買い足したら、後ろから置いていく。大きい分類「食品備蓄」「調味料」「炭水化物」「飲み物系」「生活雑貨」で棚を使い分け、さらに棚板に食品の名前をテプラでラベリング、在庫管理が一目瞭然。無駄な買い物や、賞味期限切れが激減した。

お米収納。10年以上使用しているダルトンのダストボックスに入れてバックカウンターに。

冷蔵庫脇のスペースにスチールシェルフを置き、カゴに根菜を。その下段は猫の餌置き場。

食器棚にはよく使う食器のみ収納。平皿は奥にワイヤーラックを配置して、2段使い。

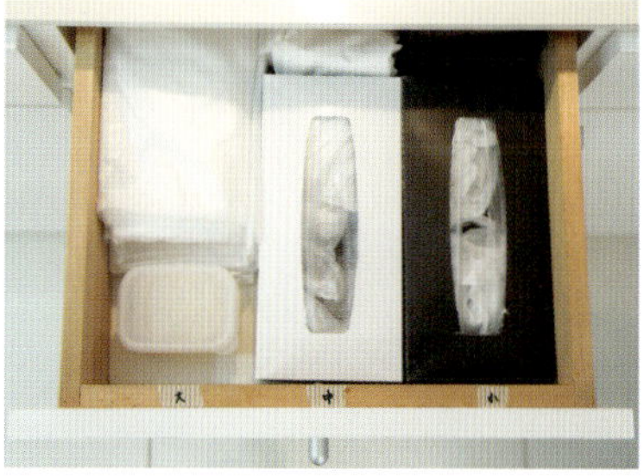

レジ袋は折りたたむのが面倒。ティッシュの箱にサイズ別に丸めて突っ込み収納。

ジップロックは洗ったあと、冷蔵庫側面にマグネットでとめて乾燥。冷蔵庫の熱でよく乾く。

背面収納引き出しの仕切りをナチュラル素材のカゴで。ゆとりのある配置で気分が上がる。

コンロ下にはよく使う鍋類だけを厳選して収納。径の大きさが同じものを重ねて定位置を決めている。

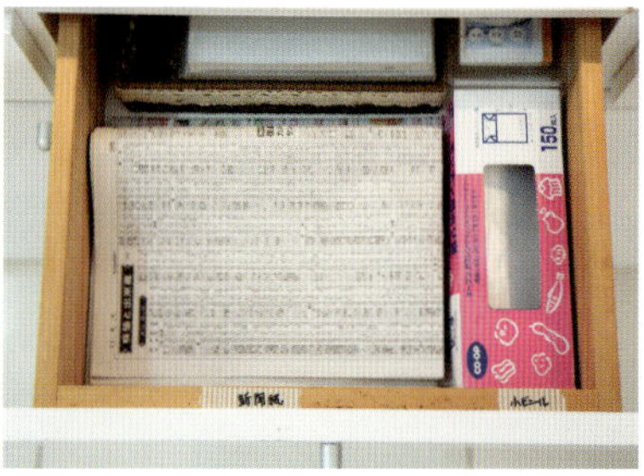

生ゴミを包む新聞はシンクの真後ろの引き出しが定位置。奥に使用頻度は低いがシンクで使う包丁研石。

不燃物の分類が厳しいので、専用の分別ゴミスペース。割れ物、プラスチック、乾電池など。

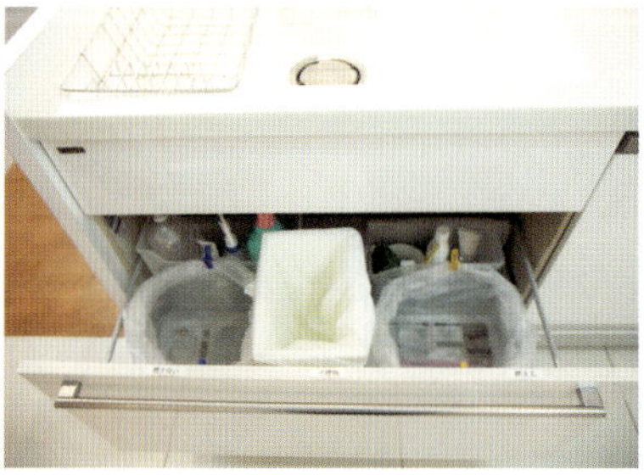

生ゴミとビニールゴミはシンク下に。シンクから直接ゴミを入れることができ、見た目もスッキリ。

収納のルール

rule 1

定位置管理

場所が決まっていると迷わない

rule 2

8割収納

ゆとりがあると心にも余裕が生まれる

rule 3

見せるものと見せないものを分ける

見せるものは厳選。バランスが大事

storage

竹内さんちの朝ごはん

自家製もっちりパンでカフェスタイル

[オープンサンド（3人分）] ①パンに練りからしとマヨネーズを混ぜたものを塗る。②適当に切ってサッとゆでたレンコンとブロッコリー各適量、ゆで卵1個、ウインナー2本を3等分してパンにのせ、とろけるチーズ適量をのせてトースターで焼く。

[ミネストローネ（3人分）] じゃがいも・玉ねぎ・ピーマン・トマト各1個、人参1/2本をサイコロ大に切り、オリーブオイルで軽く炒め、ホールトマト1缶、コンソメスープ3カップで煮て仕上げに塩・こしょうで味を調える。

＊野菜を洗うときにはカルシウム溶剤「フレ・シャス」を使用。付着物を落とし、野菜が長持ちして、おいしさもアップ。

パン皿はアラビア「パラティッシ」、グラスはイッタラのカルティオ・レインブルー。茶色のフリーカップはバーズワーズなどお気に入りの食器で。

MY STYLE

自分ひとりのための日々の料理も大切にしたい

子どもが小さい頃はずっとわが家は集会所のように、いつも大勢の人が集まってくれました。そのせいか、子育てが一段落し、わたし自身の新しい生活をどうデザインしていくか、を考えたときも、「人が集まるキッチン」が揺るぎないテーマ。家族だけでなく、友人、お客様、仕事仲間にとって、わが家のキッチンが、まるで「行きつけのカフェ」のようであってほしい。気軽に出入りしてくれて、くつろいでほしい。グラスやお皿の数がそろっているわけではないけれど、総動員しておもてなしをしても、どこか統一感があるのが理想です。いつか本物をそろえていきたいと、未来の夢へ一歩一歩近づくようなセレクトを続けています。

ライフオーガナイザーになり「整ったシステムを見られる立場」になったことで、改めてものの持ち方や収納方法を真剣に考えています。興味と研鑽は尽きません。ただ問題は、仕事に夢中になりすぎて、自分の食事がおろそかになりがちということ。子どもが一緒のときは「餃子作って」「オムライス食べたい」などといわれますし、人が集まる「ハレ」の日もがんばります。でも自分の健康を考えた日々の「ケ」の料理をもっと楽しんで作りたい。これからの夢を叶えるためにも、心豊かに暮らすためにも、よいものを食べる努力をしたいと思っています。

気持ちのよいリビング。テーブルは、2段のカラーボックスに、板をつないだ天板をのせた。ソファ周りに散らかるアイテムを両面から収納できて一石二鳥。テレビ台も板とレンガでDIY。キャスターを取り付けたこげ茶の箱はゲーム入れに。

case 4

キッチンを整えたら
平日の日常の小さな
幸せが増えました

陽の光がたっぷりと入るさわやかなLDK。カップボードには休日や来客時にお目見えする栗田さんお気に入りの作家ものの器を収納。

料理もキッチングッズも器も大好きという栗田玲奈さん。ものに対する「好き」の基準は明確。

カトラリーは口当たりのよい木製が好み。見た目のよさと乾燥させる目的、食事の際にすぐ使えるという理由のため常にカウンターに出しっぱなし。

Reina Kurita

ルームスプレーなど目に見えるものはすべて機能性と見た目を両立させたい。カラフルなおやつもスタイリッシュなケースに入れてスッキリ。

栗田玲奈さん

data

大阪府在住
夫と長男（小6）と3人暮らし
マンション 3LDK 97㎡
キッチン 6㎡ 3.8帖
築12年

利き脳

インプット…右脳
アウトプット…左脳

プロフィール　住関連企業勤務のワーキングマザー。重度のアレルギー児で生まれた息子と仕事の両立で疲弊した日々を変えるべく、オーガナイズに取り組む。限られた時間でも「ラク」で「良質」「楽しくおいしい」食生活を大切にしたいと考えている。

食洗機から食器棚までの短い動線をはじめサイズ、レイアウトなど無駄がなく、コンパクトなキッチンを最大限に活かしている。

「息子の小さい頃は大変でした」と話す栗田玲奈さんは当時もいまも「働くお母さん」。卵アレルギーのか

カウンターにはコーヒーやお茶セット、上は右からキッチンペーパー、カッティングボード、カゴ（生姜）、キッチンツール（刃物）を色や素材をまとめてバランスよく。右端のalfiのポットは大好きなホテルで使われていて真似して買った思い出の品。

働いているからこそ
家族健康に食を楽しみたい

写真右／ゴミコーナー。一番上奥側の紙袋は缶・瓶類を洗って乾かす場所（手前の袋は常温の根菜）。汚れたらチェンジ。引き出し1・2段目にはゴミ袋。3段目には牛乳パック（たまに学校で必要）や新聞紙（ゴミ処理用）、4段目は乾いた缶・瓶類入れ用に。左／上のバー&ピンチには、まだ使えるジップロックを洗って乾燥。包丁置き場はエバソロのスタンドタイプを愛用。

my favorites

ゆみで親子して夜も眠れず、除去食を実践し、添加物にも気を遣い、食を楽しむどころではなかったそうです。そこで短時間勤務に切り替え、ほんの少し生まれた時間を、暮らしを整えることにあてました。その最初に取りかかったのがキッチンです。

「やはり体をつくるのは食事。忙しくても短時間でも家族が健康に暮らせるように、使いやすく片づけやすくしようと思いました」

少しずつオーガナイズを進めるうちに暮らしがスムーズに回り出し、リズムよくごはん作りができるように。「キッチンは悲しい場所ではなく、楽しい場所にしたかった」と話す栗田さんは、もともとは料理好き。効率よく動けるキッチンの仕組みをつくりつつ、デザイン性の高いキッチンツールや趣味の器を集め、積極的に「食」を楽しんでいます。息子さんも加熱した卵を食べられるまでに成長、働くことも家族の健康もあきらめなかったキッチンからいま、たくさんの笑顔が生まれています。

写真右／死角に置いているシルバーのフランス製バッグはプラスチックゴミ入れ。しっかりとしたアルミ製。ゴミ箱（とニオイ）が苦手で探していたところ、輸入雑貨を扱うネットショップで偶然発見。30ℓのゴミ袋がぴったり。移動可能で省スペースな点もお気に入り。左／カップボードはキャスター付きを選択。来客時にはテーブルに接続して使用。

収納のルール

rule 1

誰でも探せる

自分以外の人が使いやすいように

rule 2

ざっくりしまってもOK

きっちり仕切らなくてもうっとりできる

rule 3

しまってなくても見た目OK

ウッド素材、ブラウン系に絞り見た目スッキリ、片づけもラク

ダイニングボード上部。比較的頻度の低いものを素材別に収納。オーブンレンジの上のため、オーブン用のプレートも。丸い野田琺瑯には仕込んだ手作りみそが入っている。

OXOポップコンテナに粉・乾物類を収納。ワンプッシュで開閉可能な点とデザインがお気に入り。ビジュアルを意識したラベリングは容器に合わせて耐水シルバーシールに自らデザインしてプリント。自分以外の人にもわかるように日本語と英語を併記。

storage

アラビアのブラックパラティッシを中心に普段使いの器を収納。丈夫でデザインよし。

カップボード引き出しは普段使いの食器を収納。低い位置のため子どもが使えるように意識。

こまごましたものを素材別に収納。開けたとき自分の好きな器が並んでいて思わずにっこり。

シンク下。調理道具をざっくり収納。テーマカラー（ホワイト、シルバー、ブラック、ウッド）を意識。仕切りは無印良品。

シンク下。入れ子式クリステルの鍋を愛用。蓋はウッドのレタースタンド（100円ショップ）に立てて。

スパイスは詰め替えずとも、容器デザインが比較的よく手軽に入手できるGABANが基本。

消耗品。ラップ類は無印良品のケース入り。ゴムや爪楊枝はKEYUCA。あとは白い空き箱で仕切り。

食洗機下。バット、琺瑯容器などを収納。扉手前にプラスチックケースを置き、蓋を別にして収納。

清潔感がある野田琺瑯はお気に入り。この中にビニール袋をセットして生ゴミ類入れに。

コンロからそのまま食卓へ　栗田さんちの朝ごはん

[土鍋で炊くごはん] 浸水しておいたお米（無洗米）を土鍋で炊く。9分半ほど強火で加熱した後、3分弱火で炊く。その後15分蒸らしてできあがり。

[みそ汁] ①だし汁（煮干しや昆布）を温め、豆腐・わかめ・きのこなどの具材を入れたら、みそ（自家製）をお玉に入れてしばらくおく。②みそがやわらかくなったらみそを溶いてできあがり。

[ウインナーと野菜炒め] 鉄の小さいフライパンを温め、油少量を入れてウインナー、スナップエンドウなど季節の野菜を入れてじっくり焼く。塩・こしょうをしてできあがり。フライパンのまま食卓へ。

普段はごはんがメインでたまにパン。炊飯器は使わず土鍋で炊く。ウインナーと季節の野菜炒めはごはん、パンどちらのときも定番メニュー。

土鍋は長谷園の「かまどさん」、ミニフライパンは「ストウブ」。どちらも調理してそのままテーブルに。機能とデザインを両立する道具選びは、忙しい毎日であっても手間なく、食卓をおいしく楽しく美しく彩るために大切。

MY STYLE

仕事も暮らしも充実させたい！ キッチンが整えば叶うはず

いまは息子も食べられるものが増え、夜も眠れるようになりました。本当にありがたく幸せです。とはいっても、平日は仕事があります。夕食に悩む余裕などありませんから、月曜はチャーハン系、火曜は魚メインの和食、水曜は肉中心の洋食、あるいは煮込み料理、木曜は丼もの、金曜は冷蔵庫にあるものというようにメニューをオーガナイズ。それに合わせて買い物も仕組み化。もちろん、キッチンのオーガナイズあってこその快適な毎日です。夫やたまにヘルプに来てくれる義母にとっても「ものにアクセスしやすく」と意識して整えたので、助けてもらいやすくなりました。また息子にも取り出しやすい低い位置に丈夫な食器を配したところ、お友だちが遊びに来たときに、自分でおもてなしをするようになりました。成長したものです。

わたし自身、もともと好きなものは明確でしたが、さらに自分の好きなものに集中できるようになりました。なんとなくいただいたものとはお別れし、必要で好きなものがどんどん厳選され、眺めるだけでうれしくなる器やキッチン用品が増えています。働いていると貴重な平日の在宅時間の多くはキッチンで過ごしています。だからわたしにとって「キッチンを整える」＝「平日の日常の幸せ時間を増やすこと」につながると思っています。

case 5

キッチンも「好き」に囲まれたゆるい空間であってほしいです

共働きの神戸、東京暮らしから始まり、ニューヨーク、千葉、ホーチミンと経て現在は再び東京の社宅へ。清らかな「気」がゆるやかに流れるリビングダイニング。

ヨガのインストラクターでもある木村眞理さん。丸い鏡はホーチミンのフェアトレードのお店で購入したベトナム特産品のやさしい竹細工。NYの道端で拾ったナパワインのケースはソファ用カフェテーブルに。中にはティッシュボックス、コースター、リモコン（TV、AC）を収納。

Mari Kimura

暮らしがどんなに変わっても常に、キッチンは清潔を保っていたい場所。家族の健康を守るおいしい食事を楽しく作る場所。そして居心地のよい場所。

木村眞理さん

data

東京都在住
夫と長女（高3）の3人暮らし
社宅 3LDK 80㎡
キッチン 7.41㎡ 4.5帖
築15年

利き脳

インプット…右脳
アウトプット…右脳

プロフィール　東京広尾にてorganize it allを主宰。大人の片づけ＋空間アレンジサポートを提供中。ニューヨークに7年半、ホーチミンに2年半暮らす。日本では建築設計業務に15年間携わる。大切にしていることは、「ココロ・空間・カラダ」。

リビングから眺めるダイニング＆キッチン。潔く「引き算」された部屋に置かれているものはすべて、好きで心地よいもの。

転勤族のご主人と結婚し、ニューヨークに7年半、ホーチミンに2年半の海外生活を含む計5回の引越しをした木村眞理さん。バブル経済に沸く神戸、東京から、ニューヨーク

my favorites

よく使うものはキッチンシェルフに出しっぱなし。見渡せてサッと使えてサッと戻せるようにゆるく配置。トレー&ランチョンマットはレンジ横に立てて収納。白い布バッグにはゴミ捨て用の袋を収納。

ものを持つ軸がわかり
暮らしはよりシンプルに

では大型オーブングリル、ビルトイン食洗機など多くのものを所有する暮らしを経験しました。ホーチミンではハウスキーパーが掃除を、ドライバーが送迎をしてくれる生活も。

そしてさまざまな価値観に触れてたどり着いたのは「シンプルでゆる〜い暮らし」。閑静な住宅街に建つ社宅には、清々しい「気」が流れているようです。木村さんの1日は静謐な朝の瞑想からスタートします。

「これまでの住むところすべてに満足してきたわけではありません。でもないものに目を向けるのではなく、与えられた環境でベターを選び取ること、自分の軸で選んだものをあれこれ工夫してみることに、ラクに楽しく暮らすエッセンスがあるのではないかなと思います」

そんな木村さんのキッチンには、引越しのたびに選りすぐってきた愛着のあるものが、きちんと使われる形で存在しています。

写真右上／NYビンテージアフタヌーントレーに朝のスープセット（カップ＆香辛料＆レーズン）。しまい込まずにセット置きすることで毎日の朝食作りがラク。右下／見た目が好きで楽しいブリキボックスの中に缶詰、パスタなどのストック食品を保管。左下／カゴにワインなどの酒類、ドライフルーツなどをざっくり保管。ひとつのカゴは空の状態で購入品、いただきものの一時置きに使用。左上／NYビンテージ琺瑯たらいには根菜、フルーツ。ル・クルーゼストックポットにお米を保管。

大好きなものを集めたホッとするコーナー。NY在住時代に集めた大好きな洋書はカバーを取った状態で並べ、右端にはホーチミンで購入したお気に入りのアロマポットとカナダ人クライアント作の水差しをセット置き。NYで購入のビンテージピクチャーフレームに家族の思い出写真。「好きなものはしまい込まずにどんどん使ってあげたい」

my favorites

大切な思い出の品々は どんどん使ってあげます

NYで購入したビンテージプレート。あるときにはおにぎりセット、あるときにはハミガキセット、そしていまは卓上調味料セット、と使い方はいろいろ。「お気に入りは楽しく工夫しながら使い続けたい」。個別で集めた調味料容器もガラス容器。透明容器という共通と何より「好き」が共通点で統一感も出て毎日見ていて楽しいという木村さん。

写真右上／グリーンのお皿は友人からの結婚祝い、ブルー&ホワイトはNY・ティファニー、ピンクの花柄とガラスはNYのビンテージ、竹皿はホーチミンの竹製品。右下／星の王子様は新婚旅行時にパリで購入。エッグスタンドはカナダの作家もの。左下／トレーはマレーシアで購入（小）とモロッコ人と結婚した友人からのプレゼント。左上／ホーチミンを去るときに友人から送られたコースター。

キャビネット上部吊戸。食器棚はなく、キャビネットに収まる量のみ保有。開けるとすべてが見渡せること。使わない食器が一切ないこと。扉を開けたらワンアクションで取り出せて戻せることが木村さんの心地いい基準。

収納のルール

rule 1

simple
簡単であること
サッと使えてサッと戻せる

rule 2

at a glance
一目でわかること
開けるとすべてが見渡せる

rule 3

visible
目につきやすいこと
使うものだけをゆるい配置で

写真上／コンロ下。ごはんを炊く大小ル・クルーゼ（約18年間炊飯器なし）。木製キッチンツールは青い縁取りのガラスの花瓶に。下／シンク下には大皿、不ぞろいなものをゆるく収納。常に花を飾るので花瓶はいろいろ。

コンロ横。よく使う調味料をガラス容器に入れ量も管理。お気に入りの容器だと料理が楽しい。

キッチンツール（木製以外）はこれですべて。毎日フル活躍。色はシルバー&黒、グレーで統一。

毎日入れるコーヒーコーナーはコンロ近くでお湯が注げ、出し入れしやすい位置の高さに。

シンク横。よく使うまな板を前、たまに使うザルは奥に。保存容器は清潔を保てるガラス製。

娘が小さい頃作ってくれた湯のみ、ボストン、ニュージーランドで出合ったカップなど。

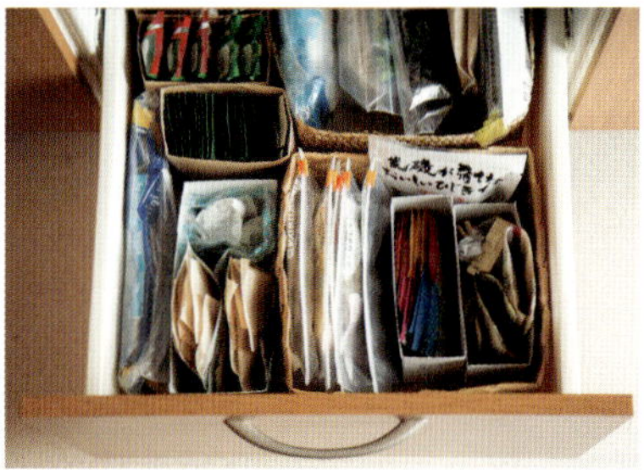

お茶などこまごましたものは茶色の小さく丈夫な紙袋を利用してざっくり区切り、一目瞭然。

storage

ゴミは小さなブリキのダストボックスを利用し、たまったら勝手口外の大きなブリキへ。

使用済み布巾はガラスの花瓶に一時置きし、毎晩洗う。奥は唯一使用のフランスの家庭用洗剤。

シンク下。奥にゴミ袋、ジッパーバッグ。手前に毎晩の掃除に使うウエスと重曹。紙袋を利用。

アーユルヴェーダでやさしい朝　木村さんちの朝ごはん

[**野菜スープ（3人分）**] ①家にある野菜3～4種と、生姜ひとかけを好きな形に切る。②昆布水をスープカップで3杯分鍋に入れて、野菜がやわらかくなるまで煮る。③塩・こしょう・バルサミコ酢・ナツメグ・クミンなど好みの味を付ける。

[**リンゴ煮（3人分）**] ①リンゴ1個は皮付きのままいちょう切りにし、レーズンひとつまみとともにひたひたの水で蓋をして煮る。②水が少なくなったら水気を飛ばし、シナモンをふる。

[**カットフルーツ、青汁オーレ、バゲット、チーズ**]

＊アーユルヴェーダを取り入れて毎日生姜入り野菜スープとリンゴ煮（リンゴの季節）をいただく。

シンプルに素材を活かした調理で見た目も元気が出るように。休日は朝、昼、晩と3食ベランダでとることもあるほどアウトサイド好き。

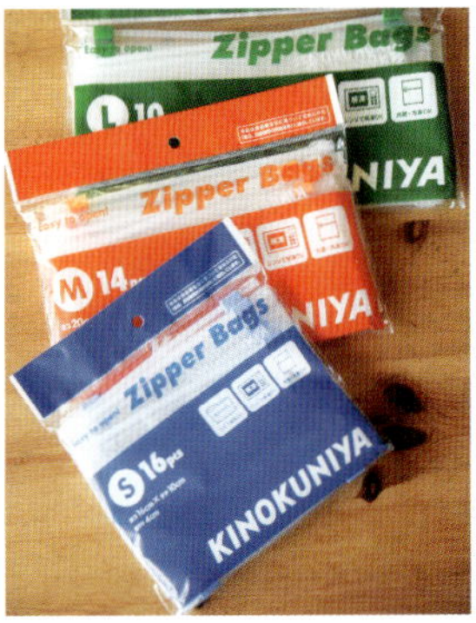

冷蔵庫、冷凍庫の食品保存はジッパーバッグを利用。大きさ・使いやすさ・かわいさでお気に入りの紀ノ国屋スライドジッパーバッグSMLサイズ。

冷蔵庫に常備の昆布水。スープ、みそ汁、煮ものに欠かせません。残った昆布は昆布煮に。自家製ぬか漬け、梅干しもガラスの保存容器に入れて冷蔵庫に。

外の空気を感じてゆるりと過ごしていたい。アウトサイドで使っている木製キャビネットは娘が小さな頃使っていた子どもキッチン。いつも好きなものに囲まれ、ものは工夫を重ね使いきりたい。

MY STYLE

料理もがんばりすぎず、ニコニコ食事をしたいです

共働き時代の「外食が多く、簡単な料理を楽しく作るキッチン」から始まり、娘が生まれたニューヨークでの「ハンバーグ、唐揚げとがっつり料理するキッチン」、千葉での「食の安全にこだわりバランスのとれた食事をきちんと料理するキッチン」、ホーチミンでの「手に入る食材を工夫するキッチン」と変わり、いまは、「近所のおいしいものを外食するもよし、素材を活かして楽しんでお料理するもよし」のキッチン。週末は夫がササッとパスタを作ってくれて、気が向いたら娘がサクサクとお皿洗いをしてくれます。わたしは淡々と、でもできる範囲で、安全でエネルギーを感じる季節の食材を選び、家族の健康を考えてそれぞれの体質に合ったものを作りたいと思っています。ちょっと意識しているのは、「きちんと食べよう」「しっかり食べよう」ということ。ただ空腹を満たすのではなく、「おいしいね!」とニコニコしながらいただくのが理想です。それはわが家を訪ねてくれる友人にも通じること。いつもどおりの料理を、大好きな食器やトレーに盛り付けて、楽しく食事ができると幸せを感じます。またひとりでゆったりいただく食事も好きです。体が欲しているものをいただけることに感謝したいです。最近は「穏やかさ」や「やさしさ」を感じる食に興味と感動を覚えます。

case 6

機能的なキッチンから 心のゆとりと自由と 笑顔が生まれました

食事中は笑い声が絶えないダイニングテーブルから眺めるキッチンは、浮き立つようなフォルムに一目ぼれ。乳白色の3灯吊の温かみのある照明もお気に入り。

無駄がなく機能的なキッチンになり、料理はもちろんのこと、片づけさえも楽しくなったという川崎朱実さん。

盛り付けも配膳もしやすい大きいカウンター。このキッチンで週に1度はご主人が料理を作り、子どもたちも簡単な料理をするように。男子どんどん厨房に入るべし。

Akemi Kawasaki

すべてに機能性を追求したキッチン。食器棚は観音扉でなく、動線を邪魔しない引き戸。料理中は丼をボウル代わりに使用するので右側は開けたまま。

川崎朱実さん

data

東京都在住
夫と長男（大2）、二男（高3）、三男（高1）、四男（小5）と6人暮らし。
一戸建て 2LDK 101㎡
キッチン 6.07㎡ 3.7帖
築4年

利き脳

インプット…左脳
アウトプット…左脳

プロフィール　東京八王子にて、Prime Life主宰。自宅の収納レッスンは、目からウロコのスキルが好評を得ている。女性が笑顔になる暮らしをつくるために活動中。ママにやさしい、家族の成長に合わせたお片づけスキルや収納設計を提案している。

ものを出さない収納で掃除がしやすい。食器棚と冷蔵庫の面が直線になるように設計、デッドスペースがない。シンクと食器棚の幅は余裕の89cm。マットは敷かない。

食器棚の左側にはドリンクセットや健康食品、使用頻度の低いカトラリーを配置。一番上の棚には結婚記念でいただいた思い出の品。

わかりやすい仕組みなら男子も厨房に集います

「週に1回以上夫が料理し、4人の息子も自分でお肉を焼いたりラーメンを作ったりしています」という言

右上から時計回りに、朝のドリンクセット（カップ、コーヒー、紅茶、ココア、抹茶、砂糖、スプーン）をトレーのまま出してセルフサービス。／プロテイン、砂糖などは透明の容器で在庫管理。／買い増ししやすい無印良品の白磁の茶碗は家族全員同じサイズを使用。スタッキングできて食洗機に収まりやすい。／よく使う箸とスプーン以外のカトラリー。ラベリングで家族誰でも迷わず手に取れる。

my favorites

葉が信じがたいほどスッキリと美しい川崎朱実さんのキッチン。

しかし以前はインフルエンザで寝込んでいても、ご主人に「醤油どこ？」「砂糖は？」と何度も起こされ這っていったことも。また片づけや家事がきちんとできないイライラを幼い子どもたちにぶつけて後悔したこともありました。

「わたしに必要なのは心のゆとり」

「これからは男子も厨房に入る時代」と思った川崎さんは一念発起。誰でもものの場所がわかり、使いやすい効率的なキッチンを目指しました。スタッキングできる器、動かずかがまず出し入れできる配置と収納、定位置管理とラベリング……。徹底的に合理化した結果、手にしたのは、望んでいた「ゆとり」。以前より効率よく動けることがうれしい。片づけすら楽しい。心と時間のゆとりができたら何より暮らしを楽しめる。

「わたし自身を好きになれるキッチンであり、男子が喜んで集まってくるキッチンになりました」

家族の水筒を集めたコーナー。無印良品の3段引き出しの引き出しを取って枠だけ使い、水筒本体を収納。水筒のフタは100円ショップのカゴに別にして収納しているので、パッキンのカビ防止になる。水筒カバーも別のカゴに収納。

storage

収納のルール

---

rule 1

片手で取れる

片手で持てる重さと収納方法でストレスなし

rule 2

省スペースに収まる

使うものだけを厳選し、ストックも少量に

rule 3

ラベリング

「あれどこ？」がなくなる

水筒は蓋を別収納し、ポカリの粉も水筒コーナーに収納。セットで置けば他の場所を探す手間もなく、小学生の四男も出かけるときに自分で作っている。

シンク下。水回りにあると便利なもののみ。日常使う箸とスプーン立ても片手で取れる。

コンロ下の下段には来客用＆お気に入りのマグカップ。やかんも収納してIHヒーターの上はスッキリ。

お米、ソーダストリーム、乾物、パスタなど。左下はいただきものを入れるスペース。

コンロ脇の調味料類は、同じ容器に入れ替えて気分スッキリ。中身はラベリングで判断。

右はお米のストックと雑穀類。左は缶詰、レトルトなど。ストックは少なく管理。

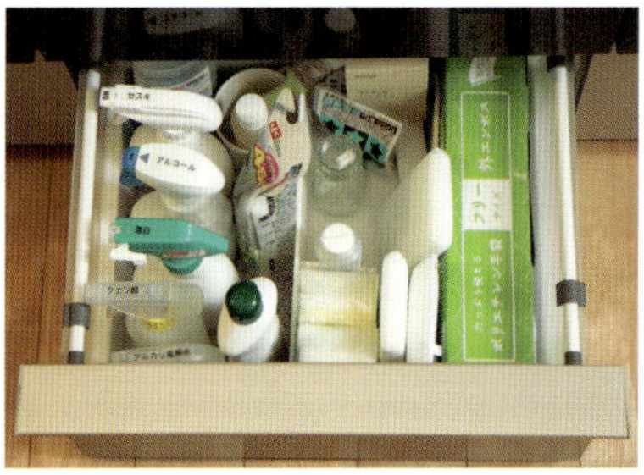

掃除道具と洗剤類。洗剤はスプレー式を使い、蓋を閉める手間をカット。「機能的」は楽しい。

設計の段階からゴミ箱の蓋を開けやすいようにカトラリーの引き出しをなくした。ゴミ袋は突っ張り棒に。

みんなが使いやすい廊下に近い引き出しにレジ袋をざっくり収納。ここに入る分量のみ保管。

しゃもじ、ハサミ、マッキー（油性ペン）、バターナイフなど使用頻度の高いものだけ。

コンロ下。フライパンと油はセット収納。調味料の蓋には油性ペンでラベリング。

食べ盛りの男子ごはん　川崎さんちの朝ごはん

[**人参入りそぼろごはん（作りやすい分量）**] ①人参1本をみじん切りにする。②フライパンで人参→ひき肉300gの順に炒める。③火が通ったら、ザルに移して油を切る。④フライパンに戻して、砂糖・醤油・みりん各適量で味付けをする。⑤冷まして保存容器に入れておく。⑥食べるときは、アツアツごはんの上に人参入りそぼろをのせて生卵を割る。
＊人参じゃなくてもいいので何か野菜を入れてヘルシーに。
＊そぼろは時間があれば作り置き。

簡単・素早く・ボリュームありの平日男子向けごはん。毎朝5時半起きで、2〜3個のお弁当を作るので、朝食メニューはシンプルに。

左はIKEAのフックに吊るしたゴミ袋でご主人の好きなセッティング。右はYAMAZAKIのTOWER。ビニール袋を入れて調理中のゴミを捨てたり、水筒やペットボトルの水切りにも。

MY STYLE

子どもが成長するシーンにいつもあるのがキッチンです

子どもが小さいときは、子ども用の包丁をプレゼントして野菜の切り方、リンゴの皮のむき方などを教え、一緒に料理をしておいしいねといいながら食べました。食後に踏み台を持ってきて、小さな手で一生懸命食器を洗ってくれた姿を懐かしく思い出します。その後中学に入った子どもの部活帰りの胃袋を満たし、受験のときは塾帰りの夜食を作り……。そんな子育てのシーンにキッチンは欠かせません。いまも食べ盛りのみんなが好きなハンバーグや餃子、唐揚げ、カレーなどを作るとき、「お〜、カレー、いいね〜」という声と笑顔を想像すると楽しくなります。また小学生の四男と並んで立つと、背が伸びたことに気づいたり、瓶の蓋を開けてくれたりと、成長を感じることも。料理はまだオムレツしかできないけれど、フライパンと格闘して作ってくれるので、「おいしいね〜」「腕が上がったね〜」などといいながらいただきます。なんとも幸せなひとときです。食事の時間は彼女のことや学校での出来事などで盛り上がることが多く、気がつくといつもたくさん笑っています。みんなで一緒に住めるのもあと2年ほど。いずれ巣立ちの日がきたら、少しずつ集めている笠間焼や萩焼など、自然を感じる器でゆったりとお料理をいただきたいと思っています。

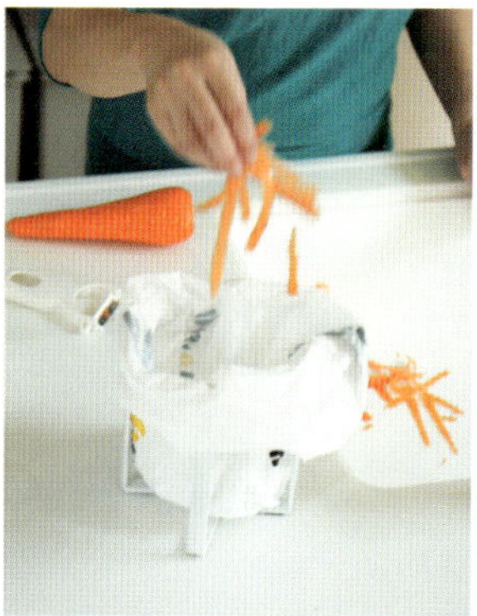

case 7

見た目はうっとり、使うとラクなほどよい大人のキッチンです

ダイニングテーブルとキッチン両方から近い場所に浅い引き出し収納。キッチンツールのほか、doTERRAのアロマオイルやサプリメントなども収納。

たおやかな雰囲気からは想像しにくいけれど、かつては、「ねばならぬ」で自分に厳しく家族にも厳しかったと笑う瑞穂まきさん。長女と一緒に家をオーガナイズしたあたりから、こだわりを手放し、家族との関係もゆるく変わってきたそう。3匹の猫も大事な家族。

Maki Mizuho

ビジュアル重視の右脳タイプ。キッチン正面のオープン棚にはお気に入りのものを並べてリビングダイニングから眺められるように。

瑞穂まきさん

data

東京都在住
夫と長女（26歳）、
長男（24歳）の4人暮らし
一戸建て 4LDK 112㎡
キッチン 5.8㎡ 約3.5帖
築16年

利き脳

インプット…右脳
アウトプット…右脳

プロフィール　「ねばならぬ」と自身を追い込んでいた時期にさまざまな片づけ術を試し一番楽に解放されたライフオーガナイザーの道へ。スタジオトレシアを設立し顧客とじっくり向き合うカウンセリング＆サービスを行っている。毎日つづるfacebook「自分美人化計画」が好評。

吊戸棚を撤去してスッキリしたオープンキッチンにリフォーム。食器はカウンターに収納。白とクローム、天然素材の木やカゴが好きなテイスト。シンプル一辺倒でなく人の手仕事を感じるものが好き。ガラスの照明はルイスポールセン。

右から。新潟鎚起銅器のティーポットや、家の形のKÄHLER社の陶製キャンドルホルダーなどお気に入りを並べたオープン棚。よく使う雑穀や天然だしはカウンターに。収納瓶は高校生のときに買ったもの。ネスプレッソのカプセルはDIYで取り付けたレールに。白い炊飯器など家電はシンプルな形で最小限に。シンプルな白い大型ダストボックスは15年愛用。

ものも心のこだわりも しなやかに手放し身軽に

オープンカウンターとオープン棚が好きでリフォームをしたという瑞穂まきさんのキッチン。「目に映る

上段のガラス瓶はアンティーク。ハワイに行くたびに拾ってくるビーチグラスやコーラルを入れている。下段にはグラスとハワイのモロカイ島に住む実妹から譲り受けた大切なファイヤーキングのコレクション。どちらもヘビーユース。

ものが気分を左右する」というだけあって、瑞穂さんの「好き」がギュッと詰まっています。その一方で見えないところは、「ラクが一番！」と適度にゆるい収納スタイル。

そんな瑞穂さんもかつては、「べキベキ星人でした」というほどの完璧主義。仕事をしながらの妻業と母業を完璧にこなそうとするなか、「〜べき」「ねばならぬ」と自分にも家族にも厳しく、子どもとぶつかったことも数知れず。

ライフオーガナイザーになってそんな自分を見つめ直し、まずものを手放すことが上手になりました。ためらうものは自宅前に「ご自由にどうぞ」とリアルフリーマーケットで。そして「ねばならぬ」も徐々に手放せるように。キッチンでの「食物調達責任者」も「調理担当者」も「後片づけ責任者」も娘さんにバトンタッチしました。ほどよい距離感を楽しみながら、「大人の特権ですね」と、新たな学びや仕事にどんどんチャレンジしています。

ルイスポールセンのPH2/1。ガラスとクローム素材。シンプルだけど温かみがありお気に入り。

my favorites

正面のオープン棚上段に並べたおそろいのカゴには乾麺、菓子類、食品ストック、出番待ちの空き缶などをざっくりと収納。白いカゴはIKEAのもの。

収納のルール

rule 1

なるべく簡単

ラクが一番

rule 2

すぐに戻せる

うっとり系は出しっぱなしOK

rule 3

誰でも探しやすい

定位置管理とラベリング

カウンター上にカトラリーボックスと並べて置いている箸箱。木製の箱に草木のろうけつ染めで模様をつけた野村レイ子さんの作品。もとは硯箱だが箸箱に大きさがぴったりだった。黒い色は木酢で染め付けられていて殺菌作用がある。

storage

奥行き25㎝程度のカウンター収納。茶器類、グラス類、文具類、電池や電球のストックが集合。

シンク下の引き出し上。洗剤ストック、ビニール袋、布巾、キャンドルなど。リサイクル用のゴミ箱も。

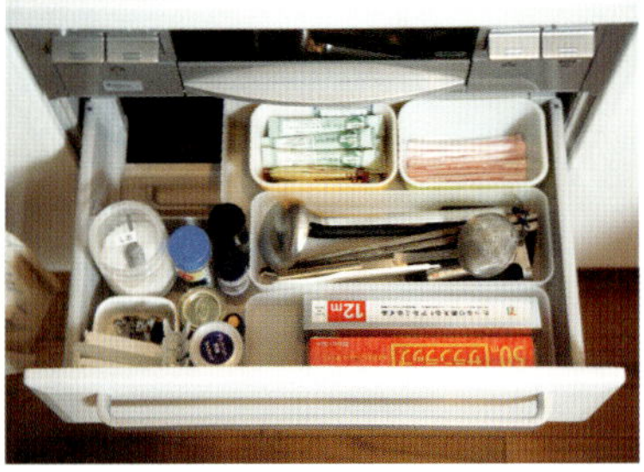

ガスレンジ下引き出し上。数を絞り込んだ一軍のキッチンツールと調味料、だし、砂糖など。

ガスレンジ下。大鍋とフライパン、調味料は以前壊れたときの対応が素敵だった星硝㈱の瓶を愛用。

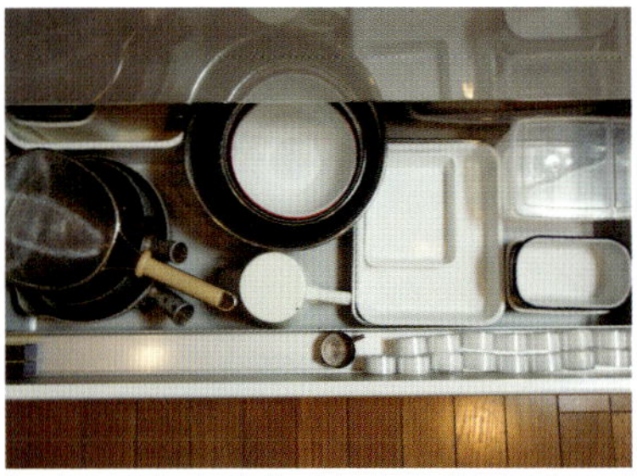

シンク下。ザルはひとつ。行平鍋は柄の部分が取れても25年以上愛用中。保存容器は野田琺瑯。

カトラリーは種類と大きさ別に分類して、ボックスごとテーブルにも移動しやすくカウンター上部にセット。スチールのボックスは組み合わせて入れ子にできるスリーサイズ。フランフランで購入。

カゴが好きで集まってしまう。そのときどきで入れるものを変えながらずっと愛用している。軽いのと見た目が好きなので冷蔵庫の上に。ときおり猫が入り込んでいることも。

自由すぎる？ 大人のスイーツ朝ごはん　瑞穂さんちの朝ごはん

[本日のおめざ…千疋屋のフルーツロールケーキ]
[とびきりおいしいミルクティー] 温めたポットに良質のリーフティーをたっぷりと入れ、沸騰したてのお湯を勢いよく注いですぐに蓋をして蒸らし、カップに注いでミルクを加える。
[野菜] ミニトマトは赤と黄2色がこだわり。リーフレタスには山椒風味のオリーブオイルをかけて。
[ナッツ類] くるみとアーモンドが好き。
＊家族が全員大人になり、朝ごはんは自由度が増した。
＊とびきりおいしいミルクティーは、学生時代にアルバイトをしたレストランで本場インドから派遣されていたティーマイスターから直接教わった。

お皿とマグカップはファイヤーキングのジェイド。ミルクピッチャーはアンティーク。ティーポットはウエッジウッド。お気に入りをどんどん使う。

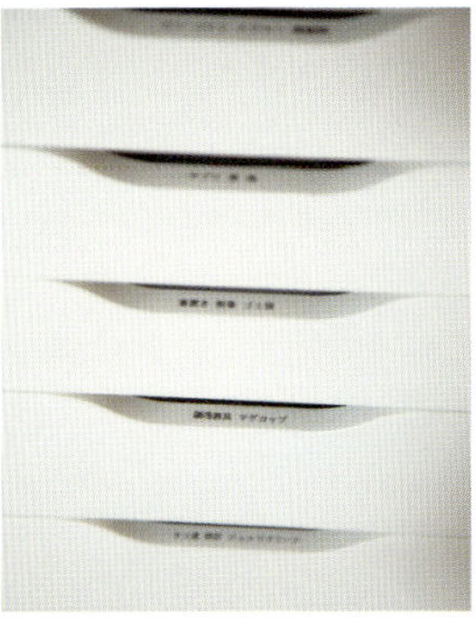

リビングダイニングのIKEAの引き出し収納ALEX。使用頻度の低いキッチンツールや薬・サプリメント類、アロマオイルを収納。誰でも探せるよう引き出しを開けると見える縁にラベリング。扉を閉めていると目立たないが、探すときにははっきりわかる。

MY STYLE

自分にも家族にもやさしい いまの暮らしが好きです

　あれほど大変だったはずの子育ても、ほぼ卒業です。いまは娘がキッチンを切り盛りする立場。まず食材の調達責任者を任せ、そのうち調理と後片づけも彼女が担当してくれることになりました。食事ができるまでお先に一杯いただくのも、また家に帰って、「今日のごはんは？」と聞くのもわたし。心の底から娘には感謝しています。掃除はわたしの担当ですが、調理と買い物の時間が減った分、いまは自分のしたいことができる環境。大人になってから自ら選んだ学びや人間関係は楽しいですね。食に対してもかなり自由。「食べたいものは体によいもの」ととらえ、朝はケーキなど甘い「おめざ」からスタートします。ただ、おなかがグーグーなるくらい空いてから食事をすると決めていて、だいたい1日に1食半から2食。3食はカラダもおなかも重く感じます。

　オープンスタイルのLDKはいつも誰かがいる場所です。それぞれが好きなことをしながらゆるくつながり、面白いことがあると一緒にハハハハと笑う。子どもたちが大人になって一緒に暮らせる時間はもう限られているのかもしれません。だからこそ、家にいるときは気配を感じあえる、そしてみんながリラックスできる空間に整えていたいです。大人になるっていいものですね。

冷蔵庫の野菜室。分類には小ぶりの紙袋を使用。彩りも考えて並べるようにしている。汚れたら交換する紙袋も手前部分にストック。

Part 2

Special Seminar
キッチン特別講座

キッチンオーガナイズ、キッチンリフォーム、
キッチンのお掃除の基礎を
マスターライフオーガナイザーがお伝えします。

seminar 1

鈴木尚子の

キッチン オーガナイズ 入門講座

本書に登場しているライフオーガナイザーたちは、どのようにして「自分にちょうどいいキッチンスタイル」を手に入れたのでしょうか。ライフオーガナイズの考え方とプロセスを、わが家のキッチン事例をもとにご紹介します。

キッチンは家の中のすべてのスタート地点。キッチンがラクに楽しく美しく整っていれば、暮らしはスムーズに心地よく回っていきます。

講師

すずきなおこ

わが家も以前はわたしだけが働く場所でしたが、オーガナイズをしてからは、夫が料理をしたり、息子や娘がごはんを炊いたりお皿を洗ったり、と家族みんなで楽しむキッチンになりました。

step 1 「わたし」にちょうどいいキッチンは？

考えましょう

ご機嫌になるキッチンは？

「ライフオーガナイズ」という片づけ術の最初のステップは、「思考の整理」、つまりよく考えることです。

「どんなキッチンだと毎日ご機嫌で過ごせるだろう？」

それはおそらく10人いれば10人とも違うはず。毎日手作りのおやつを用意したいママ、仕事を持つ方、大家族、それぞれに理想とする形は違って当然です。わたし自身もここ数年でずいぶんとライフスタイルが変わりました。専業主婦の頃はいつでも好きなだけキッチンに立てましたが、仕事を本格的に始めてからは、キッチンに立つ時間も、キッチンに求める条件も、まるで変わりました。

平日は帰宅後15分で完成する簡単料理がメイン。あえるだけ、焼くだけ、煮るだけのスピード料理です。おなかを空かせたわが子は待ったなしですから。その分、週末にはちょっと凝った料理を作り、夫とシャンパンを楽しみます。新しく挑戦した料理を「おいしい」と家族が食べてくれる瞬間に幸せを感じます。それがいま現在のリアルな暮らし。それに対して、調理器具や食器はどうあれば快適か。ストレスを感じるところはどこか。じっくり考えて自分を知ることから理想のキッチンは見えてくるのです。

小さい頃からキッチンの物語が大好きでした。幼稚園の頃に繰り返し読んだ絵本をあらためて購入、幸せな気分を再び味わっています。

このアングルから見るわが家のキッチン、実はわたしも大好きです。このコックピットのようなキッチンが、家族の健康と人格を形成する。そう思うと身が引き締まります。と同時に、だからこそ、お気に入りで満たされた使い勝手のよい、快適なキッチンにしたいとも思うのです。

step 2 本当に好きなもの、使いたいものは？

選び取りましょう

残すものを選ぶ

自分らしいキッチンに「あったらいいな」はなんでしょう。

一般的な整理術では、「いらないものを捨てましょう」と勧めますが、ライフオーガナイズでは、発想が逆。自分の理想とする暮らしに必要なもの、好きなもの、大事なものを選ぶことから始めます。そのためには、自分の「価値基準」を知る必要があります。シンプルなことでいいのです。たとえばわが家のキッチンは、「ステンレス」「黒」「木」という、3つの好きな素材や色をベースに整えられています。見えるところは、それを基準に選べばいいので、ものを買うときにいちいち悩みません。

シンプル料理だけに素材と味にはこだわります。味をピシッと決めるには、調味料が命。酒、酢、みりんなどは定番の銘柄を決めています。

反対に、「苦手」「ストレス」も基準のひとつ。たとえばわたしは台布巾を洗って干す行為が苦手。だから業務用の使い捨てダスターを選んでいます。このように「自分を知る」と、もの選びはとてもラクになります。「いまの自分には不要」というものもはっきりするので、自ずとものは減り、暮らしはシンプルに。

お気に入りの業務用ダスター。使い捨てといってもテーブルやキッチンを拭いて、最後は床の雑巾に、と1週間ほど使える丈夫さ。

利き脳をヒントに

ライフオーガナイズでは、自分を知るきっかけのひとつとして「利き脳」を参考にします。利き手、利き足と同じく、脳にも得意分野があるのです。簡単にいうと右脳は直感的な、左脳は論理的な認知や処理が得意。たとえば持ち物を見直す際、右脳が優位な人は「好き、嫌い」という感覚で、左脳タイプの人は使用頻度や合理性で判断すると、分類作業がはかどることが多いようです。

指を組んだときに親指が下になるほうが情報をインプットするときの利き脳、腕を組んだときに下になるほうがアウトプットするときの利き脳といわれます。わたしはイン・アウトともに右脳タイプです。

分けてみましょう

自分に合ったキーワードで分類すると大切なものや不要なものが見えてきます

左脳タイプにおすすめ例

使用頻度

毎日使っている	1か月に1回程度使っている
3年以上使っていない（不要品）	1年に1回程度使っている

右脳タイプにおすすめ例

感情

大好き！	道具
好きではない（不要品）	迷う

プロの厨房のようなハードなステンレスにキッチンツールの黒と温かみのある木。これがわたしの好きなバランスです。ラップやホイルのケースは、商品のままのほうが正直使いやすいですが、色や文字情報がストレス。ideacoの黒のケースがすっきりと落ち着きます。

step 3 どこにあると使いやすい？

ものの住所を決めましょう

よく使うものほど近くに

キッチンで使いたいものが決まったら、次はどこに置くかを考えます。ものは使用後に帰る家がないと戻せません。だから住所を決めるのです。

そのポイントは、ものを使う場所に近いこと。つまり、いかに動かずに用事を済ませられるかが基本。そして、使う頻度の高いものほど特等席に。あまり使わないものは少々離れた一般席でも問題ありません。

たとえばわが家の場合、あわただしい平日は料理も片づけもスピード勝負。ワークトップ上の吊戸棚には普段使いの白い食器を収め、作ったそばから盛り付け、洗って乾いたらすぐに戻す仕組みになっています。いくらお気に入りの食器でも、普段使わないものはここには置きません。

お箸やカトラリー、来客用のカップ＆ソーサーなどは、ダイニングテーブル近くに収納。

お弁当グッズはワークトップの一番上の引き出しに。1歩も動かずにお弁当を仕上げます。

ストレスフリーな配置

またシンク横の引き出しに、よく使うボウルを厳選して入れています。以前はボウルやザルはまとめてコンロ側の収納部分に入れていましたが、野菜を洗ったときに水をポタポタ垂らしながら取りに行くのがストレスで、いまの形に変えました。

キッチンペーパーも以前はロールタイプでしたが、濡れた手で触ってミシン目でうまく切れないことにイラッ。いまはティッシュのように重ねるタイプを箱から出してそのまま引き出しに。ボウルやザルを使うときにはペーパーも一緒に使うことが多いので、このまとめ方は我ながらナイスでした。

キッチン隣のパントリーには、休日の食事や来客時に使いたいよそゆきの器を収納。結婚したとき母のお友だちからお下がりで譲り受けた食器棚を大事に使っています。そして食品ストックは食べ忘れないようにガラスの瓶に入れたり、蓋のないケースに放り込んだりして定位置・定量管理。

住所が決まるとものを探すことがなく、使ったあとも迷わず快適です。

よく使うサイズのボウルとザルのみシンク横の引き出しに。一緒に使うことの多いキッチンペーパーも箱から出して収納。

写真上／平日よく使う食器を厳選してワークトップ上の吊戸棚の下段に。食洗機対応の白が基本。運動会などで使う使用頻度の低いお弁当箱類は高い棚でも不便はありません。写真下／週末やおもてなしに使う食器類はキッチン隣のパントリーに。ストック品も一目瞭然です。

step 4 出し入れしやすいしまい方は？

収納しましょう

使う人は誰ですか？

ものを実際に収めていくにあたって大切なのは、「使う人にとって出し入れしやすい仕組み」になっていることです。

たとえば子どもに自分でおやつの用意をしてもらおうと思ったら、子どもの手が届く高さにものを収める必要があります。できれば上からパッと見渡せるように菓子器やコップなどが用意されていれば、子どもでも難なく自分で取り出せます。

麦茶のポットも、以前は冷蔵庫のドアポケットに入れていましたが、「ママお茶取って」と1日に何度も呼ばれるのがストレスで、子どもが取り出しやすい野菜室に移動。2本用意して「手前から飲むのよ」というと、当時3歳の娘でもできました。子どもが自分でやってくれるようになり、ずいぶんとラクになりました。

収納はシンプルに

収納方法は、「ワンアクション」が理想です。「扉を開けて」「ケースを取り出して」「蓋を開けて」と手数が増えるごとに難しくなり、出すのも面倒、戻すのも面倒、その結果散らかる、ということになりかねません。

わが家ではキッチンツールなど毎日使うものはコンロの近くに出しっぱなし。ただしデザインや色にはこだわり、視界に入ってもストレスを感じないものを厳選しています。

そのほかの食器や調理器具なども扉や引き出しを開けたらほぼワンアクションで取れるようにしています。

ただ、収納に「正解」というものはありません。一緒に使うものをまとめる、といった基本はありますが、フライパンひとつ見ても、ボックスに立ててしまう人、壁にかける人など、使いやすさは人それぞれです。自分に合う方法を見つけることが大切です。収納用品もいきなりそろえるのではなく、まずは紙袋などを使って「仮置き」をし、様子をみてください。そして快適に使えるようなら、お好みの収納用品で仕上げましょう。

ペットボトルやじゃがいもなどもアンティークのボックスに入れて気分よく出しっぱなしに。

テーブル側の収納スペースには子どもがお手伝いしやすいようにお箸やカトラリーを分類。

写真左／ワークトップ下の収納スペースは子どもが使いやすいゾーン。自分で水筒を出してお茶を入れたり、右の白いケースに入っているお米を洗って炊いてくれます。写真右／クリップや楊枝など家族全員が使うものは特等席であるシンク近くの一番便利な引き出しに。

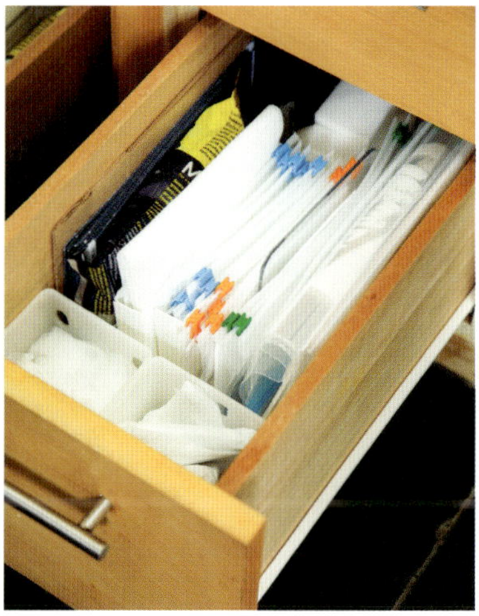

写真左／子どもが使いやすい高さの引き出しにはおやつの器とコップを入れて自分で準備してもらいます。写真中／スーパーのレジ袋やポリ袋は丸めて放り込みます。これがわたしの実力(笑)。写真右／かさばるレジ袋をきちんとたたんで入れるのは几帳面な娘の仕事。

写真左／お弁当に使うピックは、無印良品のPPケースにメラミンスポンジを入れて、針山のように刺して収納。写真右／ダイニングテーブル近くの収納部分には、来客用のカップ＆ソーサーやコースター、サーバー、ナプキンリングを。使うものは使う場所の近くに、が鉄則です。

step 5 いまのライフスタイルに合っている？

ときどき見直しましょう

使いやすいですか？

自分にとって大事なものを選び、場所を決め、収納しました。ここまでできると、キッチンも気分もずいぶんとスッキリしているのではないでしょうか。まずはこれでしばらく使ってみてください。もしも1か月ほど使ってみて維持できているなら、それは使う人にとってよい仕組みができているということ。反対に、使いにくい、散らかり始めた、という点があるなら、原因を考えましょう。

ものが多い？　出しにくい？　戻しにくい？　使ったらもとに戻す習慣ができていない？　ゴミを出すのが遅い？　片づけの時間がない？

物量、配置、収納方法、収納アイテム、時間などを見直し、改善できるところは改善。試行錯誤しながら自分に合う仕組みを見つけましょう。

変わるライフスタイル

そうして自分にちょうどいいキッチンになっても、月日の流れとともに、子どもが成長したり、働くスタイルが変わったり……と、家族のあり方や暮らし方は変わっていきます。

わが家も数年前までは、幼稚園に通う娘のお弁当作りが日課でしたが、いまは中学へ通う息子のお弁当作りに変わりました。平日は仕事で留守をすることが多いため、塾へ行く前に息子が自分で用意できるおにぎりやお好み焼きを作り、冷凍庫に補充するという母の務めも増えました。

その一方で、息子も娘もお米を上手にといで炊けるまでに成長しました。あと数年もすれば、娘がお菓子作りや簡単な料理をすることでしょう。

このように家族みんなの暮らし方が変わるにつれて、キッチンスタイルもどんどん変わっていくものです。いつの間にか、「もう使わない」というものが増えているかもしれません。だからときどき、ものと仕組みを見直すことが大切なのです。

そして、「いまの暮らしにちょうどいいキッチン」になるようにそのつどカスタマイズしていくこと。それが、ラクに楽しく美しいキッチンを維持していく秘訣です。

キッチンから見える黒板は、学校プリントや備忘録、伝言板などの情報管理コーナーに。

たまに見直すと、使っていないキッチンツールやケーキ屋さんのカップなどいまの暮らしに合わないものが出てきます。

料理をするのは大好きですが、食器洗いは大嫌い。だから家を建てるとき、家族の顔を見られる位置にシンクを置きました。これなら家族と笑っておしゃべりしながら後片づけができます。キッチンが整ったいまは夫や子どもが洗ってくれることが増えました。

seminar 2

森下純子の

キッチン
リフォーム
入門講座

キッチンを新しくするなら、
いまよりもっと素敵に使いやすく
したいですよね。でも何を基準に
選べばよいのでしょうか？
クリナップの最新キッチンを
見学しながら、
キッチンリフォームのポイントを
学びましょう。

どんなキッチンにしたいのか。誰が使うのか。どう過ごしたいのか。
使いたいものは何か。頭の整理をすると夢のキッチンに近づきます。

今回見学にうかがったのは、新築はもちろんのこと、リフォーム対応に強いと定評のあるクリナップ新宿ショールームです。

講師…レジデンシャルオーガナイザー

もりしたじゅんこ

リフォームプランナー歴18年。収納&インテリアのモデルルーム監修ほか、思考の整理を重視した片づけに定評がある。著書『片づけたいけど「片づけられない」がなくなる本』

あなたが思い描く理想のキッチンは？

真新しく生まれ変わったキッチン。想像するだけでもわくわくしますね。ショールームにも素敵なキッチンがたくさんあって目移りします。でもリフォームにしても、新築で新しいキッチンを選ぶにしても、スタートは、どんなキッチンにしたい？ということをよく考えること。インテリアだけでなく、「子どもがお手伝いできるキッチンにしたい」「会社勤めだから効率重視」など、その

キッチンと食器棚の色を合わせたり、ワークトップの素材を選んだり、好きなデザインでトータルコーディネートできるのがシステムキッチンの利点。

キッチンがどうあれば気分よく過ごせるかをよく考えることが大切です。

そしてコンセプトが固まったら、もののセレクトです。いまあるものを全部収めようとするのではなく、新しいキッチンで本当に使いたいもの、便利なもの、好きなものを厳選しましょう。自分に丁寧に問いかけ、価値観に沿って選んでくださいね。

便利グッズだと思って買ったけれど結局使いこなせないものや、気に入っていない引き出物の食器、惰性で持ち続けている鍋やキッチンツールなど、「もういらない」と思うものを手放せるチャンスです。現在使っているキッチンからものがあふれかえっている場合は、この「減らす」という作業がとても大事です。

そして自分にとって大切なアイテムを選び取ったら、次は食器、調理器具、食品在庫など同じ種類か、一緒に使うもの同士でグルーピング（分類）してみましょう。さらに毎日使うものと1年に1度使うものというように使用頻度で分けましょう。

配置と収納の基本は
横＝ワークトライアングル
縦＝ゴールデンゾーン

どこに置くとラク？

必要なものを絞ったらキッチン選びです。デザインはもちろん大切ですが、いかに動かずにラクに作業できる仕組みになっているかがとても大事。キッチンの大きさやタイプは住宅事情によりますが、いずれも効率のよい配置・収納をしたいですね。

まず「横の動き」はコンロ、シンク、冷蔵庫を結ぶワークトライアングル（三角形）をチェック。3辺の総和が3.6〜6.6ｍの動線が理想です。「縦」は、目から膝までのゴールデンゾーンを活用できる造りかどうかがポイント。使う人に寄り添ってくれる最新機能も確認しましょう。

降りてくる吊戸棚

手の届きにくい吊戸棚が目の前に降りてきてくれます！ 収納スペース、調理中のボウルやお皿をのせる作業台に、水切りカゴ代わりに、と使い勝手抜群。ワークトップも広く使えてゴールデンゾーンをフル活用できます。まな板や布巾を除菌乾燥するタイプもあります。手動と電動、予算に合わせて選べます。

ここもチェック！

フードプロセッサーやハンドミキサーといったキッチン家電を使いたいなら、ワークトップなど使う場所にコンセントが必要です。

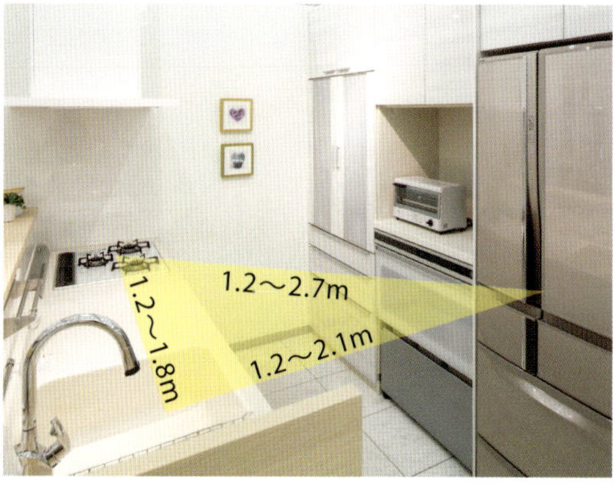

ワークトライアングル

理想の作業動線でラクな配置は、①シンク〜コンロ1.2〜1.8m、②コンロ〜冷蔵庫1.2〜2.7m、③冷蔵庫〜シンク1.2〜2.1mと覚えましょう。

引き出しを開けたら一目瞭然

収納の基本は、俯瞰力（パッと全体が見渡せること）。収納力たっぷりの引き出しタイプなら探し物がなく、出し入れも簡単。料理から片づけ、在庫管理もラクです。背面収納には、カップやお茶などをまとめた「おもてなしコーナー」や、在庫が一目でわかる「食品庫」も。

寄り添いポイント6

鍋と重ねずにフライパンが置ける「ステップボックス」。取っ手が引っ掛からない工夫も◎。

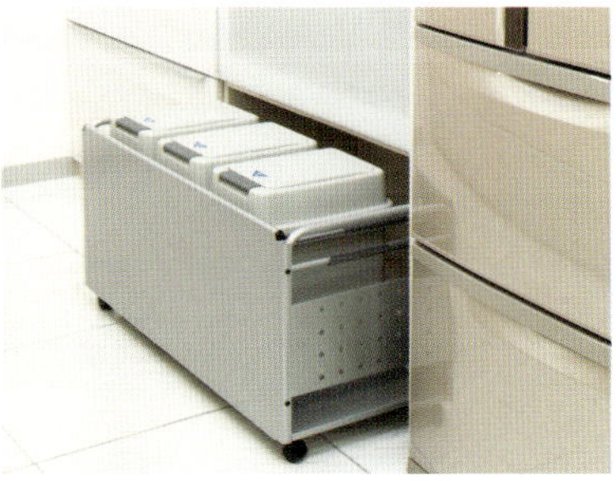

ゴミ箱の置き場所が最初から仕組み化されているのはうれしいポイント。散らかりません。

引き出しを開けるとラップなどが手の届く位置に浮き上がってくれる「うきうきポケット」。

焼き魚をひっくり返さずに両面焼けてダッチオーブンに対応しているグリルも。

使いにくいL字型部分はワゴンごと引き出せる収納で悩み解消。かなりの収納力です。

お米やストック品もスッキリ収まるオールスライド収納。出し入れも静かでなめらか。

片づけと掃除がラクな仕組みでストレスフリーな毎日

キレイと快適さをキープ

料理をすれば後片づけがあり、水回りも火回りも汚れます。だから掃除と片づけがしやすい仕組みがあらかじめできているキッチンだと、キレイな状態がラクに維持できます。たとえば汚れや匂いがつきにくいステンレスの扉や引き出し、自動で掃除してくれる換気扇など、「ここまで？」というほど最新のキッチンは進化しています。

リフォームや新築の際にはショールームでよく確かめて、「自分に合った」「ラクにしてくれる」やさしいキッチンをぜひ選んでくださいね。

汚れがつきにくく落としやすい面材

油や水がかかりやすい扉には、拭き掃除が欠かせませんが、ステンレス、鏡面、木目調などいずれも汚れがサッと落とせる面材なのでお手入れがラク。ガスコンロのフェイスを扉の色と合わせられるのも魅力的。

調理時の油汚れや煮こぼれが焦げ付くのはガラスの温度が上昇するから。クリナップのヒートオフガラストップは、トッププレートの熱を分散させてガラスの表面温度の上昇を抑えて焦げ付きを予防。お手入れがラク。

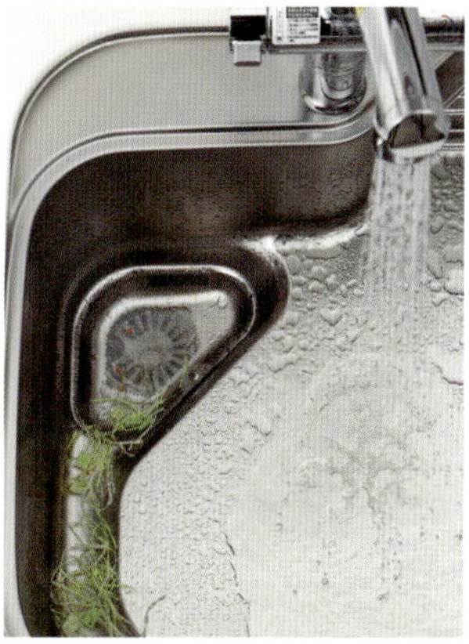

「流レール」シンクは音も静か

食後散乱しがちなゴミが水流とともに自然とレールを通って排水口に集まってくれる仕組み。シンク自体に親水性の特殊コーティング「美コート」が施され、油汚れや水アカも落としやすくなっています。水ハネの音を小さく抑える技術も導入。継ぎ目のない「クリン網カゴ」（写真下）も「美コート」が施され、清潔をキープ。

理想のキッチンをつくる10か条

1
理想のキッチンをイメージしよう。

2
使いたいものを厳選しよう。

3
ワークトライアングルを意識しよう。

4
ゴールデンゾーンを使いこなそう。

5
収納の基本は俯瞰力。

6
コンセントの位置確認も忘れずに。

7
在庫管理も一目瞭然で食べ忘れゼロ。

8
ゴミ箱と掃除道具にも住所を決めよう。

9
汚れを落としやすい面材を選ぼう。

10
掃除は最新設備におまかせ。

お掃除不要の換気扇

「洗エール」は、給湯トレイにお湯を入れてボタンを押すと、全自動洗濯機のようにシャッシャッと動き、フィルターとファンをまるごと自動洗浄する換気扇。月1回の洗浄で約10年間はフィルター交換不要。ラクすぎます！

今回見学したのはおもに、「クリンレディ」というアイデア満載の人気シリーズ。すべてにおいて機能的で「ラク」なキッチンは、きっと暮らしそのものを楽しくしてくれますね。

seminar 3

木村由依の

お掃除
オーガナイズ
入門講座

お料理をして食べたら後片づけ。
毎日アクティブに動くキッチンは、
油断するとあっという間に汚れます。
だから日々のちょこちょこお掃除が
大切。この講座では、ラクなのに
効果的なお掃除のコツをお伝えします。

油、水、カビ、ホコリなど、キッチンの汚れは複合的。的確にアタックして、キラキラ輝くキッチンを維持しましょう。

講師…お掃除オーガナイザー

きむらよしえ

女性専門のハウスクリーニング店「クリスタルミューズ」主宰。目で見るだけでなく、手触りや音、水のはじけ方など、五感をフルに使って汚れを落とす独自のスキルには定評がある。

step 1

汚れと洗剤の種類を知りましょう

お掃除は化学です

「キッチンのお掃除」と聞くと、うんざりした表情で「嫌い」「苦手」という方は多いようですね。ベタベタの換気扇や焦げ付いたコンロを思い浮かべるからでしょうか。

汚れはできたてほやほやのうちならアッサリと素直に落ちてくれますが、放置するとどんどんガンコになるものです。

今日はそんなガンコな汚れにしないための簡単デイリーケアをお伝えします。基本がわかって日々のケアができるようになると、しつこい汚れにも応用が利くようになります。

まず知っていただきたいのは、汚れには種類＝「性質」があるということ。油、カルキ、菌（カビ）、ホコリなどいろいろあり、混ざり合っているのがキッチンの汚れですが、そのメインとなるのが油汚れ。お料理で飛び跳ねた油、食品の脂、手垢などのベタベタした汚れで、性質としては、「酸性」です。

それに対して、カルキや石けんカス、水垢は、「アルカリ性」。カルキは放置すると石灰化してカリカリ硬くなる汚れですね。

ヌルヌルした菌（カビ）は基本的に洗い流せば落とせますが、酸性とアルカリ性の汚れには、やっつけるための適切な洗剤が必要です。

汚れに適した洗剤選びを

小学生の理科で習った「中和」という言葉を覚えていますか？ 酸とアルカリが混ざると互いの個性を弱めます。これが中和です。

油汚れは酸化します。だからアルカリ性の洗剤をプラスして中和します。カルキや石けんカスなどアルカリ化した汚れには、酸性の洗剤で中和します。つまり汚れの個性が弱まり落としやすくなるのです。

では、数ある洗剤の中から何を選べばよいのでしょうか？

まずはパッケージの裏に表示されている「液性」をチェックします。「酸性」「弱酸性」「中性」「弱アルカリ性」「アルカリ性」のいずれかが書かれているはずです。商品名は問いませんがこの「液性」は間違えないように。酸化した油汚れに酸性の洗剤を塗布しても、効果はありません。

そして汚れの程度に応じて洗剤の強さを選びます。できたばかりの汚れには中性洗剤、軽い汚れには弱酸性か弱アルカリ性、ガンコな汚れには酸性かアルカリ性洗剤を選びます。

ナチュラルクリーニング

セスキ、重曹、クエン酸、お酢といったナチュラルクリーニングが人気です。もしも、もともとが汚れていないキッチンであれば、日々のケアはナチュラルクリーニングで十分だと思います。下の図表にあるように、ナチュラルといっても炭酸ソーダのように強いアルカリ性のものや、クエン酸やお酢のように強い酸性のものもあります。ただ同じ液性であっても、界面活性剤の含まれた合成洗剤のほうが汚れを落とすパワーは強いと覚えてくださいね。

ですから、もしも汚れをためてしまって落ちない場合は、潔く合成洗剤を使ったほうが賢明です。いずれにしても液性を各種そろえておくと、いかようにも対応できます。

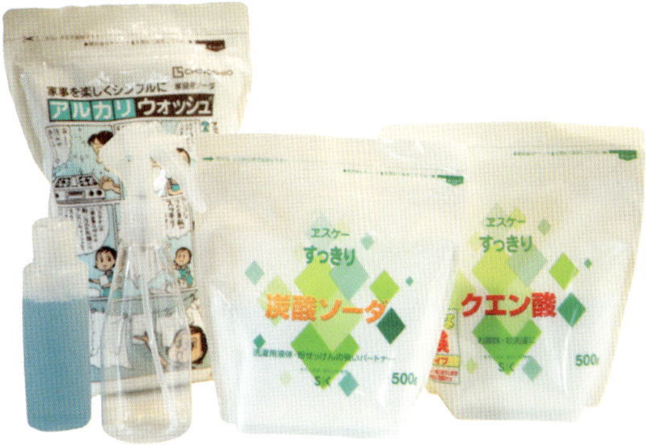

洗剤の液性をチェック

パッケージには必ず「液性」が表示されているので確認しましょう。現段階で汚れていないという状態なら、デイリーケアには「セスキ炭酸ソーダ」（弱アルカリ性）と「クエン酸」（酸性）をおすすめします。それで落ちない場合は、「炭酸ソーダ」（アルカリ性）や合成洗剤など、落とすレベルを上げましょう。

＊重曹（弱アルカリ性）もよいですが、白い粉が残るのでわたしは使用していません。

その汚れに効く洗剤は？

ナチュラルクリーニングの洗剤です。
ガンコな汚れを落とす合成洗剤も上手に活用しましょう。

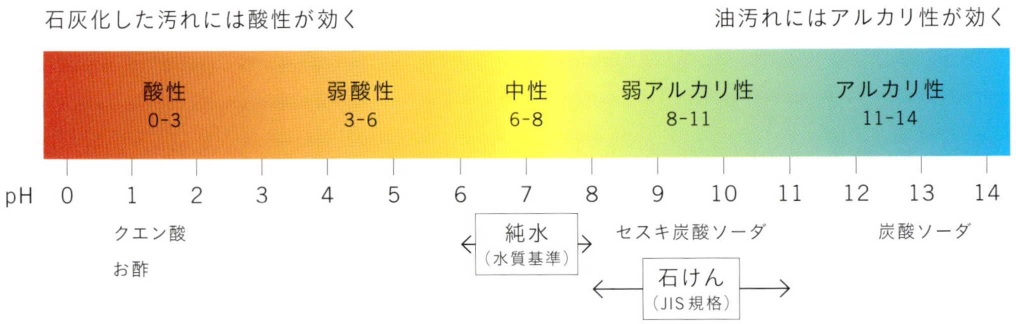

step 2
適切な道具をそろえましょう

道具で汚れを取り除く

汚れに対して効果的な洗剤を選べていたら、汚れは中和されてふやかされた状態になります。次はそれを取り除くステップです。そのためには適切な道具が必要です。人が力まかせにゴシゴシするよりも、道具に「いい仕事」をしてもらったほうが断然ラク。上手に利用しましょう。代表的な道具と使い方は次の通りです。

よい道具があれば無駄な労力不要
ラクで効果の上がるお掃除をしたければ、道具は不可欠です。スポンジ、ハケ、ヘラ、金属のヘラ、ブラシ、パッド、メラミンスポンジ、マイクロファイバークロス、そして洗剤を溶く容器などを一式そろえましょう。使ったあとはきれいに洗い乾かすこと。次回サッと気持ちよく使えるようにするのがお掃除を習慣化するポイントです。

スポンジ…壁面や天板など広いところはスプレーよりもスポンジで塗り広げると効率がよい。

ハケ…スモールスペースに少量の洗剤を塗り広げるときに便利。

ブラシ…汚れをほぐしてかき出す。指先の届かない角やすき間のマストアイテム。

ヘラ…付着した汚れをこそげ取るときに。不要になった厚手のカードで代用してもOK。

メラミンスポンジ…汚れをこすって落とすというよりも、ステンレスや人工大理石などツルツルしている素材の汚れを洗剤で落としたあとに、なでるように拭き取り汚れが残っていないか確かめるときに活用。

パッド…こびりついた汚れや軽い焦げ付きに。スポンジと同じくギュッと握らずに面全体でこすると効果的。

雑巾…水拭き、乾拭きに。汚れのわかりやすい白がおすすめ。

マイクロファイバークロス…ステンレスのレバーなど雑巾の毛羽立ちがあるときにサーッとひと拭きするとスッキリ。

ゴム手袋…液性を使い分けるお掃除に。

ゴーグル…換気扇のお掃除などで合成洗剤が飛び散りそうなときには目の保護を。

さあ、これで準備万端ですね！

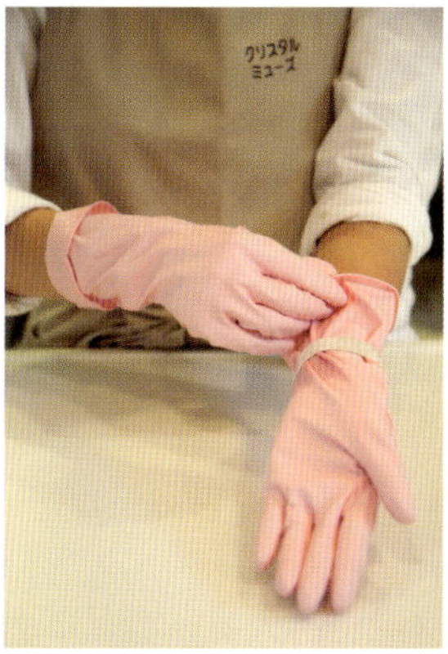

手荒れしないための必需品
酸性洗剤やアルカリ洗剤を使うときにはゴム手袋を。平ゴムを手首にはめて折り返すと肘に液だれしません。

step 3
お掃除しましょう

デイリーケアの手順

◎キッチンの汚れの大半は油汚れですから、まずセスキ炭酸ソーダの溶液を用意しましょう。スプレーボトルを1本作り、普段している水拭きにシュッとひと噴き。テーブル、キッチンの天板、家電などの手垢がスッキリします。コンロ周り、キッチン床、収納扉のベタつきもサッパリ。スポンジやブラシがベタベタする油汚れには合成洗剤の出番。水拭きしたら乾拭きを。

◎もし触ってザラッ、カリッ、とするならカルキ汚れ。こちらはクエン酸の溶液をスプレーするか塗布し、スポンジやパッド、ヘラを使って落とします。

◎ステンレスの蛇口や家電製品はキラリと光らせモチベーションアップ。セスキのナチュラルクリーニングをしてメラミンスポンジで拭き取り。さらに水拭きと乾拭きで汚れがつきにくくなります。

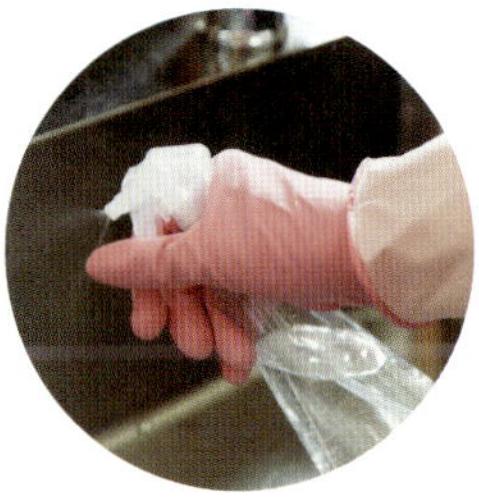

スプレーは水拭き感覚で使用
セスキ炭酸ソーダのスプレーとクエン酸のスプレーを作っておくと便利。

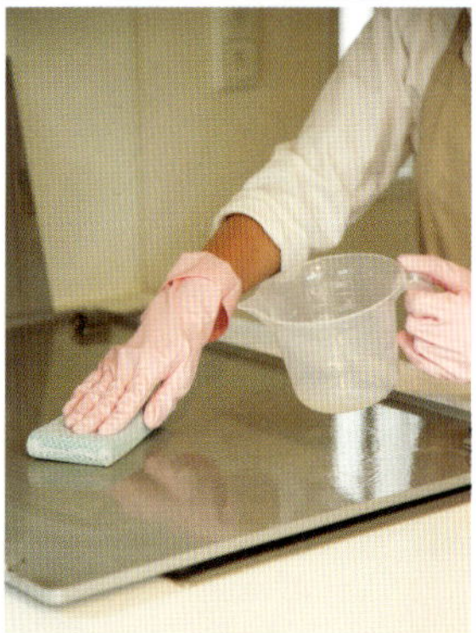

3〜5分待ってから!
セスキ炭酸ソーダ、炭酸ソーダ、合成洗剤、いずれもアルカリ洗剤を塗布したら、最低3〜5分は放置。油汚れが中和すると道具はほとんど汚れません。スポンジで洗剤を塗布するときのように、こするときもギュッと握らず、面全体でこすります。硬いパッドで焦げ付きをこするときは、縦縦横横と動かすと早く落ちます。

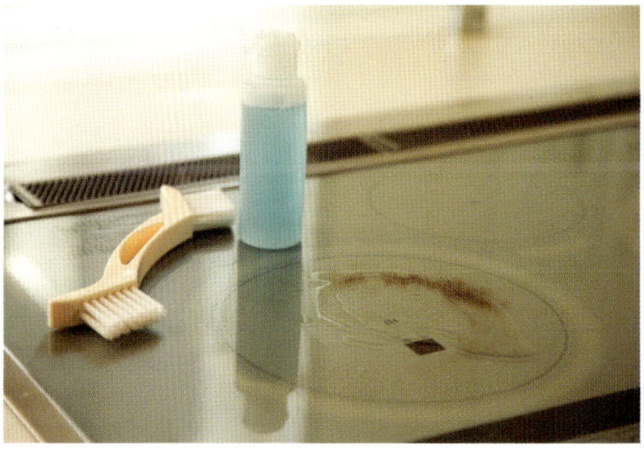

お掃除上手になる3つのヒント

待つ…洗剤を塗布、あるいはスプレーしたら、3〜5分待ちます。その間洗剤は汚れと戦っています。やっつける（中和する）前にゴシゴシ拭いては効果半減。

上げる…汚れが落ちないときは、液性のレベルを上げ、ベタベタがひどいときは合成洗剤にチェンジ。五徳などひどい汚れには、熱湯に合成洗剤を溶かしてつけ込むと、汚れが早く緩みます。

拭く…仕上げの乾拭きが大事。水気を拭き取ることで、新たな汚れが付きにくくなります。

いかがでしたか？　毎日の簡単お掃除、ぜひ続けてみてください。そしてキラキラ輝くキッチンで気持ちよくお過ごしくださいね。

column 「もったいない」から「ちょうどいい」冷蔵庫へ

大野多恵子

開けるたびに楽しくなって、今日は何のお料理にしようかとわくわく。冷蔵庫はそんな気持ちにさせてくれる宝の箱です。でも、たくさん詰まり過ぎていて、奥が見えなくて、ごちゃごちゃしていれば、楽しい気持ちにもなれないですね。

冷蔵庫の開閉回数は、1日平均35回といわれています。家の中で、こんなに開け閉めする場所はほかにはないでしょう。それだけに、もっとスッキリと使いやすくキープしていくために、1度、中の食材を全部出してみて、古くなっていないかをチェックし、オーガナイズ（大整理）することをおすすめします。

ひょっとしたら、賞味期限がはるかに過ぎている調味料、いつ作ったか忘れてしまったお総菜など、「あー、もったいない」というものが潜んでいるかもしれません。日本では、1年に年間の米生産量と同じくらいの「まだ食べられるもの」が捨てられていますが、その多くが家庭から出ています。それをお金に換算すると、1家庭で月に3,000円分も捨てていることになります。

そんな「もったいない」をなくすには、1度の整理だけでなく、定期的な見直しが必要です。冷蔵庫の中身は毎日変わっていくので、「維持」を考えていくことがとても大切なのです。「リバウンドをなくす」という意味ではダイエットと同じ。まずは、その家庭に合った食生活の「ちょうどいい」量を把握して、庫内の食材が、すべて「見える」「忘れない」置き方を工夫しましょう。

ここは「一時置き」と心得て、いまある食材を無駄なく活かした料理を考え、そして日々「あるもの」をつないでいく。冷蔵庫はそんな楽しい場所。買い物～収納～料理の流れがうまくできれば、時短・節約になるばかりでなく、気持ちにもゆとりができます。冷蔵庫は、食がつながっていく暮らしのバロメーターであり、心地よい暮らしのスタート地点でもあるのです。

プロフィール　マスターライフオーガナイザー。主婦歴35年。ライター歴20年。現在は「ハッピー冷蔵庫アドバイザー」として、「冷蔵庫から始める幸せな暮らし方」をテーマに多くの講座やワークショップを開催している。

Part 3

Tips 123
キッチン知恵袋

買い物、料理、後片づけ、収納、在庫管理、掃除……etc.
ライフオーガナイザーが実践している
アイデアと工夫の大投稿です。

＊「右左」「左左」などは利き脳のタイプをインプット・アウトプットの順番で表しています。

食器 カトラリー

毎日使うものを いかに動かずに
ラクに 出し入れできるかが勝負!

好きな食器をすぐに取れる食器棚

食器棚にある器をしっかり使いたい! そう考えたときにハードルになるのが、奥の食器を使うときに、手前の食器を動かさないといけない……ということ。そこで、奥の食器を使用する際に、手前の食器を動かさなくても出し入れできる位置に棚板を調整しました。いつでも使いたい器を手に取れるし、手間も減って、とても楽チンになりました。

会田麻実子(東京・右右)

毎日使うお皿は一番使いやすい高さで収納

毎日使う白とガラスの食器は、私の身長でもっとも使いやすい一番目の引き出しに収納しています。開けたときに見た目にもうれしくなるように、白とガラスの器のみ。3人家族のわが家でまずそろえるのは3つの食器。使い勝手を試したあと、気に入った食器は、わが家のテーブルが6人掛けなので、ゲスト用にもう3つそろえます。

小林恵梨子(シンガポール・右右)

色のついたお皿をまとめて収納

2段目の引き出しに、白とガラス以外のお皿を収納しています。頻度はまちまちです。いくら毎日使うとはいえ、漆のお椀の色が1段目の白とガラスの食器の引き出しに混ざるのがいやで、こんな収納にしました。友人を招いて食事をすることが好きなので、ついつい食器も欲しくなります。赤・黒・翡翠色だけ増やしていいルールにしています(翡翠色のお皿は別の引き出しに、ゲスト用の食器と併せて収納しています)。色味だけにこだわって、漆器にストーンウェアにガラス、素材はなんでもあり!としています。

小林恵梨子(シンガポール・右右)

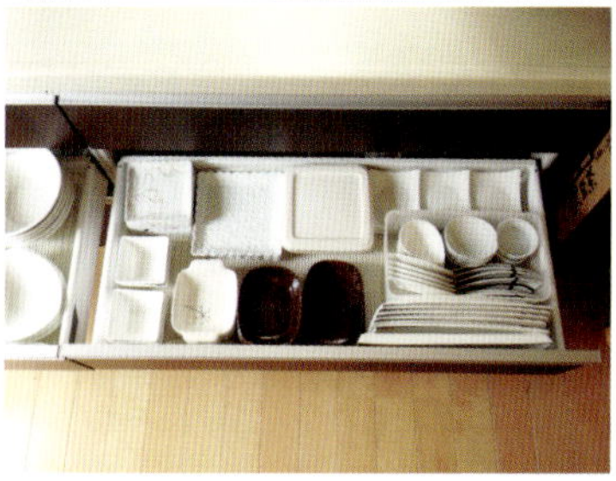

丸い器と四角い器

もともと用途別に収納していた普段使いの食器。なかなか場所が覚えられず、作業のたびにあっちこっちの引き出しを開けていました。ある日ピンときて、食器を形で分けてみることに。丸い器を集めた引き出しと、四角い器(と四角く収められる器)を集めた引き出しを作ってみました。見た目に感じていた違和感がなくなり、気持ちスッキリ!と同時に形でわかるので引き出しを開けるのも1回で済むようになり、作業時間が大幅に減りました。

むらたますみ(兵庫・右右)

食洗機の食器、動かずに片づけます！

食洗機が大きいタイプなので、朝になって乾いた食器を戻すのもそれなりの量。普段使いの食器は食洗機の真上の収納棚2段に収めているので、食器を戻すときは一歩も動かずに片づけられ時短にもなり楽チンです。

宇高有香（神奈川・右右）

プラスチックケースで取り出しやすい収納

造り付けの収納棚を食器棚として使用しています。奥行きが深く奥に入れた食器が取り出しにくいので、プラスチックのトレーや取っ手付きのケースに入れて引き出せるように収納しています。平らな皿はニトリの小皿スタンドとディッシュスタンドに立てて収納することで、取り出しやすくしています。

尾崎千秋（東京・左左）

インテリアにも調和し、片づけもセッティングも楽ちんなカトラリー収納

上段からコップ、お箸やカトラリー、調理家電などを収めたこちらのキッチン収納。ちょうど食洗機の後ろにあたる位置にあります。そのため、洗い終わったあとの片づけも振り向くだけで片づけられます。またカトラリー類を使うときはトレーごとダイニングに。ママが一人ひとりにセッティングしなくてよく、とても楽ちんです。トレーも床のフローリングの色に合わせてインテリアになじむようにコーディネートしています。

若林弓子（大阪・左右）

出しっぱなし収納でワンアクション

毎日朝・昼・晩と食事や料理の際に一番使うのがスプーン類。そんな使用頻度の高いスプーン類は、ダイニングテーブルとキッチンの間にある利便性のいい場所に出しっぱなしにしています。ワンアクションで子どももさっと取れるので、料理中の和え物もここのスプーンを使って子どもに手伝ってもらったりしています。

宇高有香（神奈川・右右）

引き出しのない食器棚のカトラリー収納

わが家の食器棚には引き出しがありません。カトラリーをどうしようか悩んだあげく、小引き出しごと入れてしまいました。お客様用も含め、すべてここへ収納しています。それぞれ使いやすいように分け、普段からいちいち探さなくても目的のものをすぐに取り出せます。

中嶋ひろみ（山形・左左）

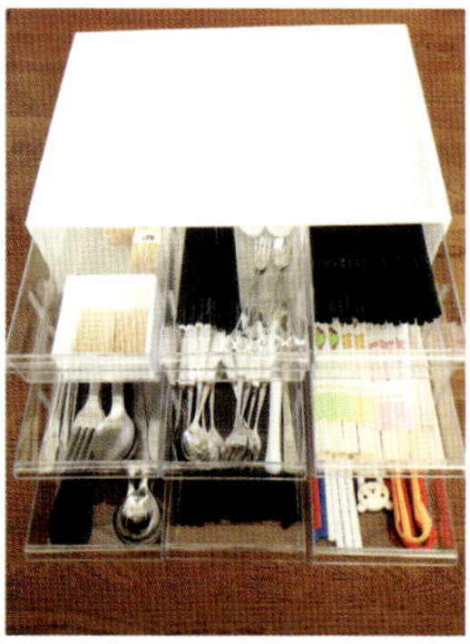

迷わず選べる来客用箸の収納

来客用箸は、手拭いで作った箸入れに一膳ずつ収めます。これで、箸が何種類あっても、使うときに組み合わせで迷うことはありません。さらに、このまま出して好みの箸を選んでいただくのが、存外好評を得ています。

ミキチエ（東京・右左）

鍋 調理器具

大きく重いものほどシンプルな
仕組みで出し入れをスムーズに

セットで使うものはセットで収納

鍋は蓋とセットで使うことが多いので、あえてセットにした状態で収納をしています。そのまま出して使うだけという単純な収納ですが、調理がスムーズに進みます。

橋本裕子（広島・左右）

フライパンと蓋の
ファイルボックス収納

コンロ下の引き出しにファイルボックスを並べ、フライパンと蓋を入れています。仕切っているので使いたいときに片手でサッと取り出せます。ファイルボックスはダイソーのものです。

いのうえみさき（千葉・左右）

片手でもサッと取り出せるシンク下収納

シンクで使うことが多いキッチン用品を取り出しやすさを優先に考えて収納しました。100円ショップのコの字ラックを使って縦に空間を仕切り、ボウルとザルのセットをサイズ別に収納したり、バットを立てたり、キッチン用品ごとにひとつずつ重ねないことで片手でもサッと取り出せるようにしています。お料理中の片手がふさがっているときでも簡単に取り出せて、戻すときもストレスなくラクチンです。

こいどともみ（佐賀・左左）

ストレスフリーのコンロ下収納！

忙しい食事の支度時に、使いたいものがサッと取り出せないとイラッ！　コンロで使う鍋・道具・調味料を厳選しパッと取り出せるように収納してからは、なんと夫が料理を始めました。鍋やフライパンは、無印良品のファイルボックスに立てて収納。深めのお鍋にはワイドタイプがピッタリ。鍋の蓋はシステムキッチンの仕切りに引っ掛け収納。扉内側の2段のステンレスラックの上の段にはよく使う計量スプーン・ミニスパチュラ・クリステル鍋のハンドル、下の段には、バーミックスの本体・プラカップに入れたアタッチメントを入れ、出し入れしやすくストレスフリーに！

三谷靖代（広島・左左）

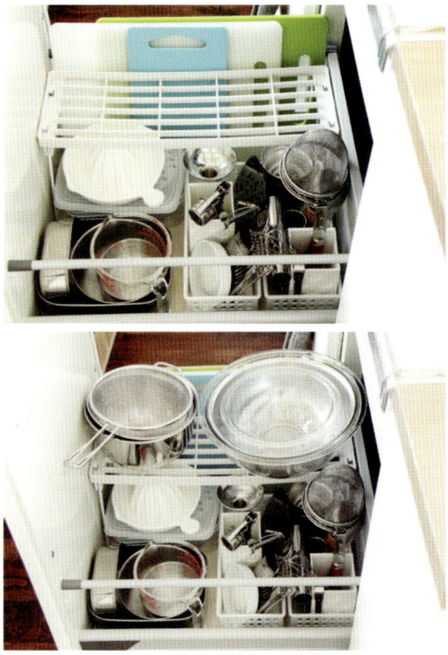

キッチンツールは シンク＋食洗機下に大集合

食器も含めすべてのキッチンツールは食洗機使用、調理前に一度サッと水で流したい派。水回りで使うものはシンク下にまとめ、ワンアクション＆見える化にこだわりました。鍋は、書類ファイルボックスを使用し、ひとつのファイルに、ひとつの鍋を蓋と一緒に収納。腰を曲げずにワンアクションで取り出しやすくしています。さらに奥が低くくなるようにカーブファイルを利用したことで、鍋が排水タップに当たらず出し入れスムーズに。100円ショップの「コの字ラック」は、使用頻度の高いボウルとザルの底上げとまな板のスペース作りの2役を兼ねています。またこまごましたツールも厳選し、ワンアクションで取り出せるようきっちり収納。水ものをまとめたことで動線が短く流れもスムーズ、家事の時短につながっています。

十熊美幸（新潟・左左）

シンク下のボウル収納 見た目より使用頻度で

柳宗理のボウルとザルのセット、以前は大きさ順に収納していました。しかし、一番よく使うのは2番目に大きなサイズ。出し入れが面倒でつい出しっぱなしということも……。見た目より使用頻度順に並べたことで、出し入れがとてもラクになりました。小さいボウルで高さが出て、立ったまま取れるようになったのもうれしいです。

植田洋子（東京・右左）

いつも使うお鍋には特等席を！

毎日フル回転で使用する鍋は、ここにあるだけ。使用頻度の高いものこそ、大好きなものをそろえ、重ねることなく特等席に置いて大切に使います！　疲れていても、鍋がすぐに取れれば、それだけで料理をするハードルが下がります。手の届きにくい奥には、調味料のストックや、鍋料理に必要なカセットコンロも一緒に収納。

小川さおり（神奈川・左左）

キッチンツール お弁当 BBQ

サッと取り出しやすい工夫がいろいろ

1アイテムにつき1個。数を絞る

キッチンツールは数を絞って収納しています。基本は1アイテムに1個。調理中、迷わず素早く取り出せるのでストレスがありません。片づけもスムーズにできます。　橋本裕子（広島・左右）

小物入れの引き出しをはずしてキッチンツール入れに

ズボラ仕様コックピットキッチンの司令部であるコンロ下引き出し。調味料・フライパン類・キッチンツールがすべて収まっているので動かずに調理ができます。キッチンツール入れは、無印良品「ポリプロピレン小物収納ボックス6段」。引き出しを引き抜いて使っています。上から見渡せ、安定感があって便利です。　内藤さとこ（愛知・右右）

痛い？痛くない？

「痛い・痛くない」で分けたキッチンツールの引き出しです。素材別でなく、痛いか、痛くないか、で分けています。基準はあくまでも私の判断で、手に持ったときの感覚です。　青木ロミ（大阪・右右）

毎日使うキッチンツールは使いやすく

お気に入りのウッドのツールを、窓際に立てて収納しています。プラス毎日使うはさみと計量スプーンのみ同じく立てて収納しています。軽量スプーンは、大さじをよく使うので、ほかのサイズのスプーンより数を多くそろえています。毎日使っていてもサイズ感や素材が違うほかのキッチンツールは、引き出しに「見えない収納」にしています。見た目と実用性を閉じ込めた、お気に入りの小さな空間のひとつです。

小林恵梨子（シンガポール・右右）

機能は関係なし！
色別キッチンツール収納

感覚と見た目重視の私。キッチンツールの収納は、ズバリ！「色・形別」です。右側から、シルバー・ホワイト・ブラック・シルバー長いもの。「ピーラーはブラック」「お玉はシルバー（で長い）」と、色や形が頭にインプットされています。そのため、機能や使用頻度で分類するより「サッと取り出せ」「ポイポイしまえ」とても使いやすいのです。ツールを買い足す（買い替える）ときもこの3色で選んでいるので引き出しを開けたときいつもスッキリうっとり！

井手本亜希（広島・右左）

かわいいお弁当作りにすぐ取りかかれる引き出し

朝の忙しい時間、お弁当をストレスなく、スムーズに作れるよう、お弁当グッズを引き出しにひとまとめにしました。食べやすさだけでなく、彩りにもなるピックはお弁当の必需品。100円ショップのセクションケースに色別に分けることで、すぐに必要なものが取り出せ、見た目的にも気分の上がる場所になりました。　伊深優子（千葉・右右）

包丁は高所収納で幼児もキッチン立入歓迎

キッチンは学びがいっぱい！　できればベビーガードで立入禁止区域にせず、小さな頃からキッチンに立つ習慣を身につけてもらいたい。そこでわが家の包丁は、扉付属の包丁入れではなく、大人だけが届く食器棚上部へ収納しています。まな板を使用する場所から振り返れば取り出せる位置にあるので動線もスムーズ。ラベリングで包丁の区別がしやすくしました。　松林奈萌子（千葉・左右）

料理が楽しくなる大好きモノトーンツール

転勤族のわが家は、賃貸の気に入らないキッチンとつきあっていかなければいけません。だからこそキッチンツールはお気に入りのものでそろえ、避けられない毎日のごはんの支度を楽しんでいます。キッチンツールは見ているだけでもにやけてしまうくらい大好きなモノトーンで統一。　中嶋ひろみ（山形・左左）

お玉もトングも絡まず倒れず汚れも心配なし

お玉やトングを一緒に引き出しに入れると、引っ掛かったり絡んだり。ケースにまとめて立てると、引き抜くときに絡まって倒す。コンロ奥の壁面に掛けると油ハネやホコリがついてしまい掃除が面倒。そこでコンロの下に収めることに。フックで一種類ずつ引っ掛けているので、取り出すときに絡んだり転倒することもない。汚れの心配もなく、使いたいときにも片手でサッと取り出せてストレスが激減しました。

門野内絵理子（大阪・左右）

カッティングボードは見える収納で

湿気対策に、まな板やウッドボードなどは窓際に「見える収納」にしています。少しずつ集めているシルバーのトレーやお皿も、一緒に見せる収納に。直接前菜やチーズなどを盛るウッドボードやシルバーのお皿は、盛りたいもののサイズに合わせてすぐに選べるのでとても便利です。お気に入りのものを毎日眺められるのもうれしいポイントです。　小林恵梨子（シンガポール・右右）

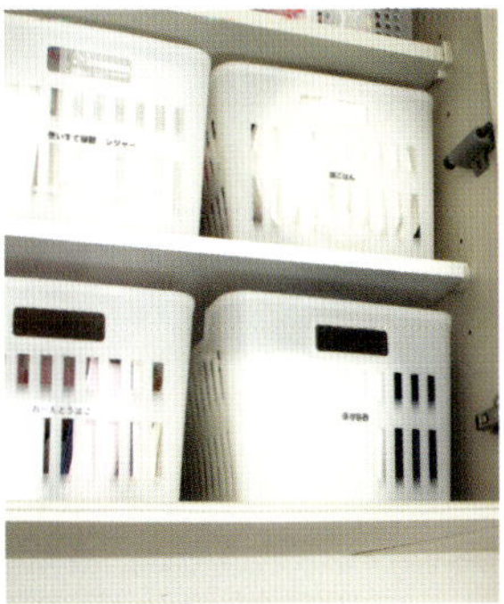

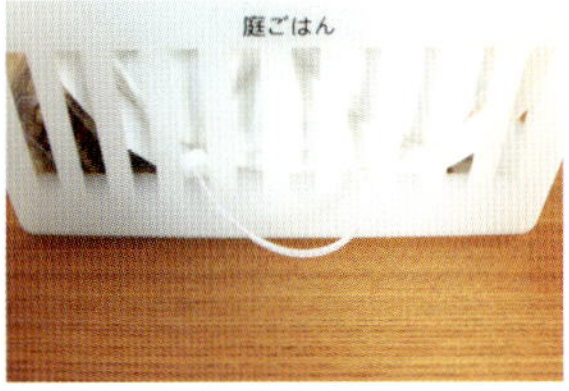

いつでも庭ごはんセット

庭でBBQをするときに必要なコップ・取り皿・割り箸などをまとめてダイソーのカゴに入れています。カゴごと出しておけば、子どももお客様も支度から片づけまで手伝ってくれます。カゴには結束バンドをつけて取り出しやすくしています。

いのうえみさき（千葉・左右）

保存容器

スッキリ保存のコツは、中身がわかる、使いやすい、そろえる!

IKEA保存容器をインテリアショップ風の見せる収納に

調理でよく使う塩、砂糖、パスタ、粉類はIKEAの保存容器に油性マジックで手書きのラベリングをしています。インテリアショップを模した「TODAY'S SPECIAL」ラベリングです。ラベリングもおしゃれに見えることがビジュアル重視のキッチンには必要です。

髙田愛美(大阪・右右)

保存容器を統一

薄力粉、パン粉、乾物などの収納を「OXOポップアップコンテナ」で統一しています。四角いケースで統一するとスペースが無駄なく使えてスッキリ収納することができます。

橋本裕子(広島・左右)

一目で見渡せるタッパー収納

・調理中の効率が上がる。
・ひとつの吊戸棚に集めることで一歩も動かずに粉、乾物類が取り出せる。
・気密性の高いタッパーに移し替えておくと蓋を開けるだけですぐに使えるので便利。
・ラベリングで家族誰が見ても何がどこにあるかすぐにわかる(わが家は家族全員利き脳が左左です)。
・ひとつラベリングのないタッパーを設け、スペースを確保することで定番でないもの、予定外のものを入れることができる。

岩渕 都(京都・左左)

お茶や乾物はおそろいのタッパーで収納

容器がそろっていると気分が上がる右左脳タイプの典型のような収納です。こちらのタッパーはモジュール設計になっており、奥行きや幅は同じで、高さが数種類から選べます。組み合わせによって同じ高さに統一することができる見た目と優れた密封性という機能に惹かれて、お茶や乾物類を保存しています。何が入っているかわかるように、ラベリングもしています。　まついまり（東京・右左）

保存容器をそろえて見た目もスッキリ！

クリアーな保存容器でそろえているため、毎日使いながら残量の把握がしやすく、ストックを買いすぎることがありません。だしパックや昆布、お茶パック、など毎日使うものも、片手で取り出せてストレスフリー。小さな子どもも自分で取り出せるため、家族のみんながお手伝いしやすい仕組みに。

小川さおり（神奈川・左左）

勝手に水切りしてくれるお助け容器

朝は弱いし、仕事帰りは1分の時間も惜しい。でも、野菜も豆腐もたくさん食べたい。水分の多い食材は下に水がたまって味が落ちたり傷んだりするので、入れておくだけで勝手に水切りしておいてくれる容器はわが家の必需品です。　佐藤美香（神奈川・右左）

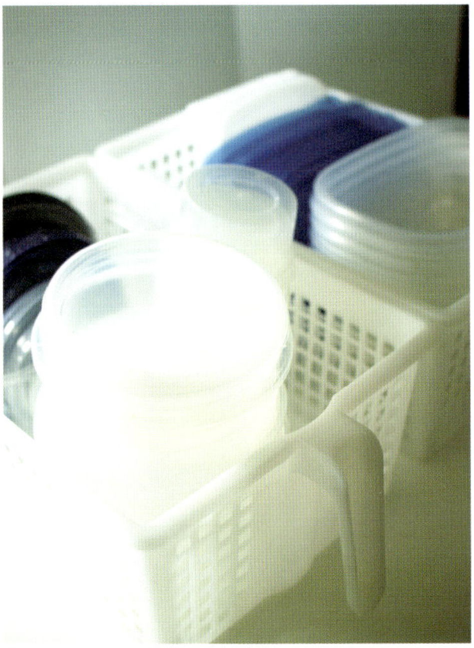

保存容器はカタチで収納

中身が見えたほうがいいので、白い保存容器にあこがれつつもずっとプラスチックの保存容器を使っています。長方形の保存容器は、おもに食事の下ごしらえ用に。ゲストをお迎えする前はたくさん冷蔵庫にスタンバイすることになるので、この形が使いやすいのです。丸い保存容器は残り物の保存用。こちらは蓋がスクリュータイプのものを使っているので、汁物などに安心して使えます。軽いので、ちょっと手の届きにくい場所でもラクに取り出せます。

小林恵梨子（シンガポール・右右）

食品

まとめ方と保存法、ストック管理を工夫し食べ忘れゼロ

根菜は紙の米袋に入れて保存

カゴの中に5kgの米袋を入れて機能とビジュアルを兼ねています。紙の米袋は丈夫で乾燥を防ぎ、ほどよい通気性もあるのでカゴの汚れ防止にも。お気に入りの布をかぶせてキッチンカウンターに置いています。常に目にしているので在庫状況は体感で管理できます。

花垣志乃（神奈川・右左）

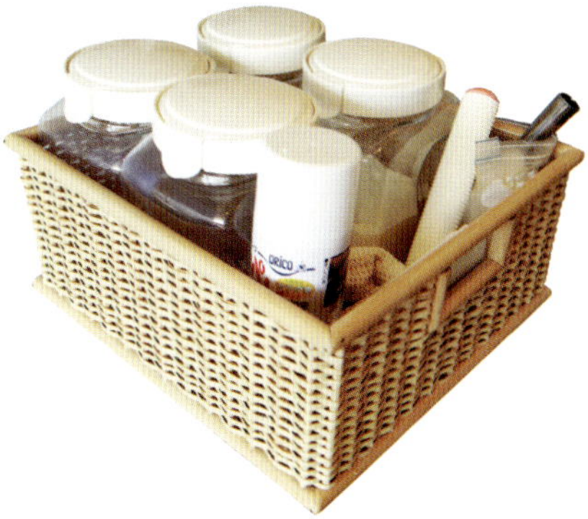

パングッズまとめて収納

パンを作るときに使う材料やグッズをカゴにまとめて収納しています。パンを作ろうと思ったときにあちこちから材料を出すのは面倒。カゴにまとめていればすぐに取り出せてサッと取り掛かれます。

宇高有香（神奈川・右右）

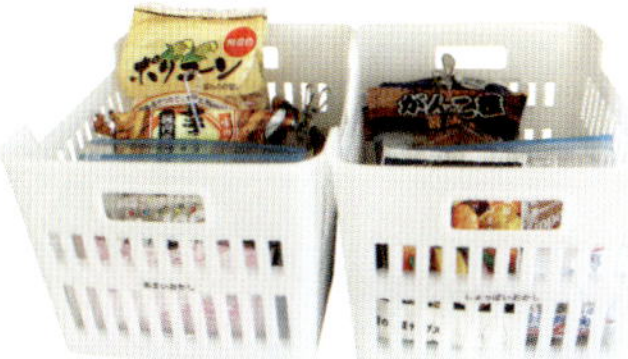

甘いお菓子としょっぱいお菓子

買い置き、いただきもののお菓子を「甘い・しょっぱい」に分けて、カゴに入れて保管しています。「甘いお菓子としょっぱいお菓子は食べたいタイミングが違う！」という子どもの要望です。「開封・未開封」で分けていたときより、子どもたちが在庫管理をしやすいようです。

いのうえみさき（千葉・左右）

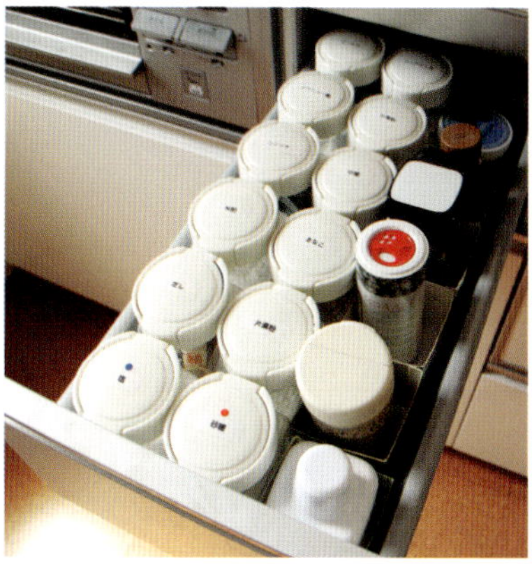

調味料はフレッシュロック一括管理

システムキッチンにもともと付いていた仕切り板を外し、フレッシュロック（旧バージョン）を使って調味料スペースにしています。右側は引き出したときのズレ防止として牛乳パックをカットしたものを並べていますが、個々のスペースの確保にもなっています。仕込み中のシンク側、調理中のコンロ側、どちらでも使いやすい場所です。

花垣志乃（神奈川・右左）

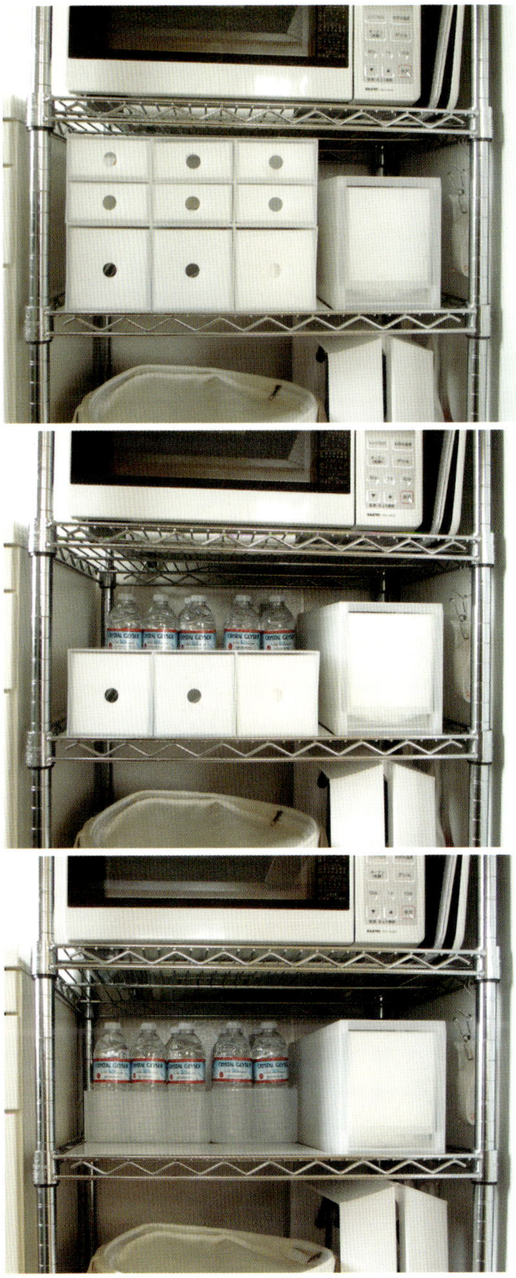

棚の使いにくい奥行きを利用した災害備蓄

小物収納ボックスの奥の空きスペースに、災害備蓄用の水の一部を置いています。夏場は週に1～2本、他の季節は2～3か月に1本程度、ここの水を外出時に持っていきます。ワンアクションでは取り出せない収納ですが、上段の引き出しのみの移動で取ることができます。

森 麻紀（愛知・右右）

缶詰と瓶詰はマグネットでストック管理

常備しておきたい缶詰・瓶詰は、マグネットを使ってストック管理をしています。マグネットを缶や瓶の蓋にくっつけておいて、最後のひとつを使う、または、次を買いたいタイミングでマグネットを冷蔵庫に移動させてくっつけます（冷蔵庫にはキッチンタイマーしかないので、とても目につきます）。もともとはこのコンロ最下段に入っている缶の種類が、「これは何缶か？」というのがすぐわかるように考えたものです（横に倒すと場所をとるので立てて収納したかった）。砂糖と塩、シリアルも同様にマグネットでストック管理しています。

森 麻紀（愛知・右右）

調味料は「はちみつ容器」から片手でパパッ!

粉や顆粒の調味料は、「はちみつ容器」に入れて使っています。びっくりするほど安価なのに、密閉性も高く湿ったり固まったりしません。ズボラコックピットキッチンのコンセプトにふさわしく、砂糖や顆粒だしもスプーンいらずで、パパッと振り入れることが可能。ただし、目分量の調理ができる人向けかもしれません。

内藤さとこ（愛知・右右）

冷蔵庫

基本は一目瞭然。家族みんなが探しやすいレイアウトを

立てる保管でおいしく！すっきり！ドアポケットに野菜を

立てて保管したい野菜はIKEA PRUTAにまとめ、冷蔵室のドアポケットに立てています。ここなら折り曲げることなく立てて保管できます。使うときには容器ごと冷蔵庫から取り出せ、使い忘れが減りました。サラダ用の調味料も集約して、動線短縮！ ドリンク類は子どもが取り出せる野菜室に入れています。

かのえつこ（神奈川・右左）

右左のオットの気分を上げる晩ごはんトレー

もともとは100均のプラスチックトレーを使っていました。でも、おいしいごはんもおいしく感じなくなるという夫。それならばと、いただきもので使っていなかった木製トレーを夫専用とし、冷蔵庫に定位置管理。トレーが気に入ってテンションが上がるらしく、自分で取り出して食べてくれるようになりました。美しくなきゃ道具じゃないを地でいくこだわり派の夫なので、ちょっと贅沢なモノで見た目を整えたのが功を奏したみたいです。

むらたますみ（兵庫・右右）

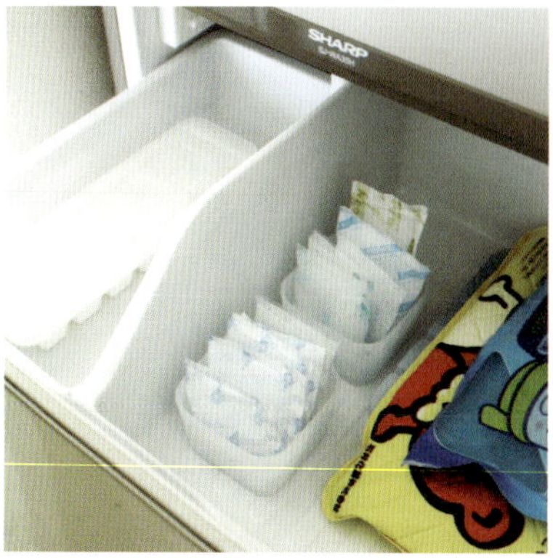

定量を決める

小さな保冷材はついついたまりがちなので「ケース2個に入るまで」と定量を決めています。ケースに入っているので散らばることもありません。必要な個数が明確にならないものは、ざっくりと「このケースに入るだけ」と決めると簡単に管理ができます。

橋本裕子（広島・左右）

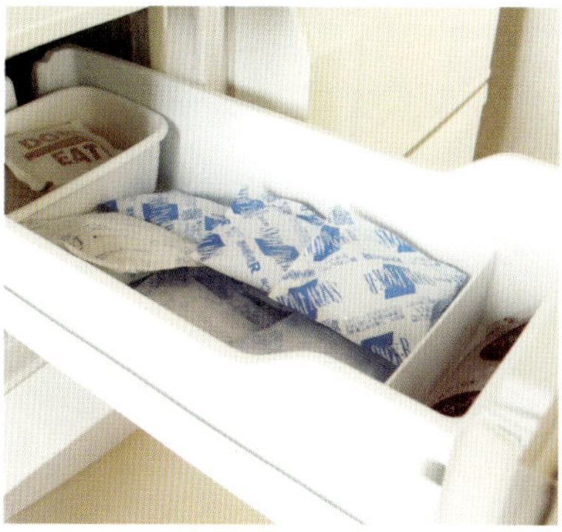

保冷剤は多めに保管して防災対策

無印良品PPデスク内整理トレー3に仕切りを入れて、ジャストサイズの保冷剤のみ保存しています。普段は、ケガで冷やすときに使うか、夏場のほてり対策に使う程度ですが、防災の観点から、保冷剤は多めに保管しています。自動製氷室も保冷剤スペースにしました。

森 麻紀（愛知・右右）

冷凍保存は立てる収納で一目瞭然

冷凍するお肉や野菜は、保存容器に入れ立てて収納。ビニール袋やラップを使用するので、いちいち洗う必要なし。空になっても、そのまま冷凍庫に戻すので収納場所に困らない。中身が見えるのでラベリングの必要なし(見分けにくく、よく使うアイテムだけはラベリングあり)。キッチリ風に見えるけど、実はラクなシステムです。

佐藤美香(神奈川・右左)

俯瞰でわかる素色・素材の「ある、ある?」

旬の食材&栄養バランスの最適化を色から選択するとともに、環境、コスト負荷の軽減を目指した、ラクラクストック。購入日収納時の写真撮りと買い物に行く前にスマホで写真を撮っていくことで、簡単に必要なものが素早くわかり、衝動買いも少なくなっています。

梶 美江子(富山・左右)

旦那様、セルフでお願いしますセット

帰りの遅い主人用に、以前はお鍋や保存容器・お皿に入れ冷蔵庫に入れていましたが、食べ忘れ、残った分を出したままで傷むなどが続いたため、1回で食べきれる量だけをトレーにセットし、あとはレンジでチンするだけにしました。遅くまで働いてくれている主人に、翌朝「食べてない!!」「傷んでる!!」などと怒らなくて済むようになりました。

佐藤美香(神奈川・右左)

琺瑯容器の中身が見える!色マグネット

琺瑯容器は中身がわからず、蓋を開けては違うものを手にしていたところ、先輩方のアイデアをヒントに、食材の色ごとにマグネットをペタッと貼り付けました。すると、冷蔵庫を開ければ、一目瞭然。さらに、ごはんやお弁当作りの際に、考えず容器から色を盛るだけ、「いま不足している色は?」も簡単にわかるようになりました!

北尾真陽子(東京・左右)

野菜が入っているとは限らない"野菜室"

野菜室の上から2段目と一番下の引き出しを外してわが家仕様にチェンジ。引っ掛かりがなく開閉がスムーズ、そして何より使いやすくなりました。3段目はまとめて買う野菜の収納場所。すぐに調理して、余裕を残します。写真では突然の大量缶ビールの部屋に! 4段目はお気に入りの瓶に入ったお米です。蓋の上には計量カップも一緒に収めています。

北尾真陽子(東京・左右)

おもてなし お手伝い

手伝ってもらえる仕組みで作ったり食べたり
集まったりがもっと気軽になります

『トレー＋お茶セット』でおもてなし準備がラクに

来客の多いわが家、家族はもちろん、お客様に準備を手伝ってもらうことも。そのため、みんなが手伝いやすい仕組みにしました。ソーサーとカップをセットにしてトレーの上にのせて収納。口が大きなカップも上下を交互に収納することでトレー1枚に収まります。繊細なガラスカップは寝かせた状態で重ねてカゴに収納。コンパクトに収納できるうえ、収納時の不安定さもなくなります。トレーやカゴごと引き出せばお茶の準備もラクラク。「こんなふうに収納すればいいんだぁ〜」なんて言われることも。準備の段階からワイワイ楽しんでます。　北村めぐみ（千葉・右右）

けんかしない夫専用ストックコーナー

仕事帰りに食品のストックを頻繁に購入してきてくれる夫に専用コーナーを5段分作りました。このスペースの食品に関しては、在庫管理も購入も夫にお願いしています。せっかく買ってきてくれても置く場所がないと感謝よりも困惑が先に立っていましたが、このコーナーを作ってからはお互いがラクになったように感じています。　会田麻実子（東京・右右）

お客様、セルフでお願いしますセット

トレーの上に、フリーカップ・コーヒー・紅茶・ミルク・砂糖・のど飴などをセットし、食器棚にトレーごと収納しています。お客様がいらしたらトレーを出し、好きなものを選んで飲んでいただきます。お互いが気を遣わずに済むので楽ちんです。

子どもたちよ、勝手にやっておくれセット

よく子どものお友だちが遊びにくるので、カゴごと渡し自分たちで用意をしてもらいます。自分たちで使う食器の色を決めて管理し、食べ終わったら戻すところまでおまかせなので、子どものお友だちが来て「疲れた~」ということがなくなりました。

佐藤美香（神奈川・右左）

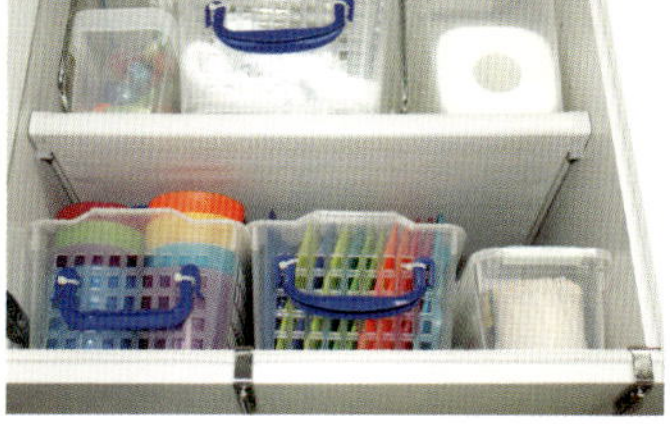

子どもの手伝いスペース

ダイニングテーブルから一番近い収納棚は、子どもが食事の支度の手伝いをできるスペースに。カトラリーは食事の際に子どもがテーブルに運び、ふりかけやお茶漬けもセルフサービスで。カトラリーは取り出しやすい位置に置き、ふりかけなどは袋から出して見やすいように並べています。　宇高有香（神奈川・右右）

子どもの“できる”を増やすお米セット

夕方のお米洗いや朝の水筒の用意を子どもたちにお願いすることが多いので、自分でできるように取りやすいシンク下の一番下の引き出しに入れています。キッチンの中は狭いので引き出し左の廊下に座ってお米を入れるようにすると右利きの子どもたちにも作業しやすく、そのためお米は左端に収納しています。

中村佳子（兵庫・左左）

子ども目線の配置で、進んでお手伝いしてくれる！

子どもの成長に合わせて、「自分のことは自分で」「できるお手伝いを増やしていく」をテーマにものの配置を工夫しています。パンを入れているカゴは棚の一番下、通路反対側にお皿を配置。パンの準備は娘（5歳）の日課！　すぐに手に取れる場所にあることで、自然とお手伝いをする習慣がつきました。　かのえつこ（神奈川・右左）

「自分でできる」配置で子どももママもHAPPY！

子ども用の調理道具は、自分で取り出せるようキッチンシンク下の引き出しの一角にまとめています。収納場所を工夫したら、子どものやりたい！　という気持ちに応じてあげられる機会が増えました。子どものペースに合わせてお手伝いを見守れるようになり、子どももびのびお手伝いをしてくれるようになったと思います！

かのえつこ（神奈川・右左）

夫の調理道具セット

ガスバーナーや押し寿司の型など、夫しか使わない調理道具はまとめてダイソーのカゴにしまっています。カゴごと取り出したとき、空きスペースにサッと出せる場所に収納しています。夫が片づけるときにも「これ、どこにしまおう」と考えなくてよいのでラクなようです。

いのうえみさき（千葉・左右）

グラス置き場はシンクの真横のニッチ収納

構造上どうしても抜けなかったキッチン脇の柱。この柱の幅分の壁を有効活用しようとニッチ棚を作りました。ここには普段使いのグラスやマグ、計量カップを置いています。取り出しやすく、しまいやすくグラスの在庫も一目瞭然。グラスは小さめにして食洗機のスペースも確保しています。　花垣志乃（神奈川・右左）

空間利用

限りあるキッチン空間です。
タテヨコ無駄なく使い切りましょう

電子レンジや炊飯器
上部スペースの有効活用

造り付けキッチン収納の中央部に、電子レンジや炊飯器を置いています。この収納場所は片側しか壁がなく、もう片側は冷蔵庫。上部空間スペースを有効活用したくても、一般的な横に突っ張るタイプの板が使えない……。そこで縦に突っ張るタイプのものを利用。できたスペースには取っ手付きカゴを置き、保存容器やコーヒー・お茶などを入れています。
兼重千鶴（福岡・右左）

棚板をプラスしてストレスフリー！

使用頻度の高い水筒や保存袋類などもファイルボックスに立てて収納していましたが、棚板を買い足し、段ごとのグルーピング収納にしたおかげで、見やすくなりワンアクションで取り出しやすくなりました。追加用の棚板とダボはホームセンターで購入、板はサイズに合わせてカットしてもらえます（使っている棚板とダボを持って行くとサイズ等の間違いがありません）。　大竹美香子（神奈川・左右）

布巾掛けを横置きにした
トレー収納

電子レンジの上に、KEYUCAの布巾掛けを利用し、トレーとミトン収納にしています。布巾掛けは通常縦置きですが、発想の転換で横置きにしてみました。電子レンジの放熱にも耐え、2段収納が可能で、とにかくデザインがシンプルといいとこどりの3拍子です！
見島エリコ（神奈川・左右）

L字型収納は フライパン ストッカーで解決！

L字型の収納方法でお悩みの方は多いはず。ここにフライパン専用のシンク下ストッカーを並べて使っています。フライパンだけでなく、ラップやパスタジャーなど背の高いものに最適です。奥まで有効に使えて、見た目もスッキリ。L字型のストレスも解消です！

見島エリコ（神奈川・左右）

ゆとりの空間で突然のいただきものに あわてない！

キッチンの吊戸棚、手が届く部分は重宝していますが手が届かない上段の一部は空けておき、いざというときのための場所にしています。お中元やお歳暮のお裾分け、おばあちゃんから孫への大量のお菓子などをいただいても、床置きしなくて大丈夫！

南方佐知子（広島・左右）

効率UPで 気分も上げる！ 作業場前の棚を工夫

「ものが出ていないキッチンに憧れるけど、料理をするときに効率が悪い」「ものが出ていても素敵なキッチンを目指したら、気分が下がる（実は料理が好きではない）」。そこで考えたのが、この棚。DIYで中段の棚を追加してアレンジ、よく使う最小限のキッチン用品を並べました。料理をしないときはカーテンを閉めて見た目スッキリ。これが予想以上のオンオフ効果で、ご機嫌に料理を始められる「やる気スイッチ」に。

宮崎りか（兵庫・右右）

回転式収納、取っちゃいました

L字型キッチンのLの部分。回転式収納があまりに使いにくく撤去。スチールのラックを2個設置、お鍋の収納にしました。圧力鍋など大きなものもラクに出し入れできます。壁にフックで蓋を掛けて収納。扉内側にネットを取り付け、お鍋の持ち手、圧力鍋のおもり、スライサーなど。ラックと壁の隙間に電磁調理器を立て掛けコードはポールに掛けて。お鍋を取るのにいちいちかがむ必要がありますがそこは屈伸運動だ！ と思ってやっています。

西野かおり（大阪・左左）

使いにくいL字、ケースに入れて引き出し風に

L字キッチン収納部分、どうしても使いにくい細いスペースにはプラスチックトレーを利用。引き出しのように使えば奥のスペースまで有効活用できます。利き手の右側に使用頻度が高いものを設置しています。また目で見えない奥には容器に入り切らないストックと非常用の飲料水置場に。扉の裏側にはマスキングメモをして「うっかり」を防ぎます。

新倉暁子（東京・右左）

ワゴン 棚

置いたり動かしたり。
あると便利です

無印シェルフでアイランド式カウンター

LDから丸見えのキッチンで落ち着かない、部屋が狭くなるので背の高い食器棚を置きたくない、盛り付けなどの作業をするカウンターがほしい、ゴミ箱を見えないように設置したい、無機質なキッチンを木や布で中和したいと思い、無印良品のユニットシェルフをアイランドカウンター風に設置しました。

伊藤さとみ（愛知・左左）

無印シェルフで水切りカゴスペース

水切りカゴ置き場を検討した際、シンクやキッチン作業スペースを広く取りたいと思い、無印良品のシェルフをキッチンの横に並べて、水切りカゴを置くスペースを作りました。下は洗った食器を置く水切りカゴ、上は、水筒やお弁当箱など長時間乾かすものに使います。

伊藤さとみ（愛知・左左）

「○○取って!」を防ぐテーブル横ワゴン

以前はキッチンに収納していたカトラリーやふりかけ。食事のたびに子どもから「ママ、○○取って！」といわれることがストレスで考えたのがこの方法。ワゴンに必要なものを置いてテーブル横にセットしておけば、立つことなく用意できます。大人数でテーブルを広く使いたいときは、キッチンへ移動もできるので便利！

戸井由貴子（北海道・右左）

でこぼこをなくしてすっきりワゴン収納

普段使いの食器と電化製品を収納したくて選んだエレクターシェルフとワゴンです。ワゴンを使わないときはシェルフと一体感をもたせて収納、使いたいときだけ引き出します。必要であれば、配膳のときなどに炊飯器をのせたままダイニングテーブル横まで運べるので便利。十数年間引越しが多いわが家でしたが、どこのキッチンでも大活躍でした。

岩﨑 梢(北海道・右右)

キッチン家電

使いたいときにすぐに使えるようにハードルを下げましょう

面倒な蓋も仕切りもいらない

もともと使用頻度の高いフープロですが、購入時にパーツがキッチリ収まる収納ケースが付いていました。しかも蓋付き。蓋の開け閉めが面倒で外してみましたが、中の細かな仕切りに一つひとつ戻すのも面倒。フープロを使うこと自体が億劫になってきたので、思い切ってポンポン好きに入れることのできる容器にかえたところ、フープロ使用のハードルがグッと下がりました。

佐藤美香(神奈川・右左)

ゴミ

快適なキッチンにはゴミのシステムが不可欠です

ゴミ箱は無印のボックス、扉に合わせた高さ

無印良品のやわらかいPPのもの入れをゴミ箱にしています。キッチンのどの扉にもぶつからない場所は、食洗機扉の下の30cmの高さまでだけ。このゴミ箱は高さ26cmで扉にぶつかっても傷つかず、持ち手があり簡単に洗える形状。見た目の存在感が薄いのも気に入りました。分別のため、これを3つと、危険物、乾電池用に右奥のあまり使っていなかった扉の中に小さいカゴを置きました。ゴミのたまった量が一目でわかり持ち運びしやすいので、家族みんなが気軽にマンションのゴミ置き場に持っていってくれ、そのつどゴミ箱を水洗いしています。

さぬきみねこ（東京・右右）

イラストで子どもにわかる楽しい分別ゴミ箱

幼稚園や学校に提出するリサイクルゴミ、かさばるので置き場所にも困るし、持っていくタイミングを逃すしで悩みの種でした。パントリーの入り口にIKEAのゴミ箱を設置してアイテム別に分別したところ、これが私にはヒット！置き場所が決まり、箱がいっぱいになったら持っていくという目安ができて快適です。シールにイラストを手書きして目印にしたら、子どもたちが自分で確認して持っていくようになりましたよ。

むらたますみ（兵庫・右右）

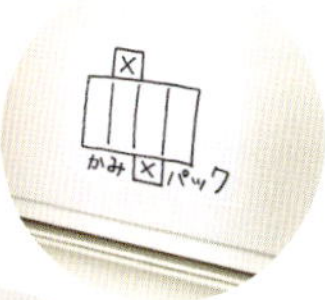

ゴミ袋は使うときだけ

キッチンにゴミ箱を置かず、背面カウンターのフック（IKEAのリルオンゲン）に市指定ゴミ袋を掛けて使用しています。リビング・ダイニングのニオイ予防のために、使用後はまとめて外のゴミ置き場に持っていきます。袋が浮いているのでブラーバ（床拭きロボット）の動きも遮ることがありません。

いのうえみさき（千葉・左右）

調理中のゴミ用に2種類のボウル

作業スペースに、同じサイズの小ぶりなボウルを2つ並べています。片方はビニール袋を入れ、調理中の野菜くずなど入れとして、もう片方は同じシリーズのザルをセットし、缶やプラスチック容器などの水切りとして使用。毎日最後にはこのボウルも洗ってスッキリ。

伊藤さとみ（愛知・左左）

ゴミ箱はひとつ！ フックを付けて2分割に！

数年前にゴミの分別収集が始まりました。すでに愛用しているゴミ箱があったこと、わが家で日常的に出るゴミの量を把握していたこともあって、もともと使っていたゴミ箱の中にフックを付けて対応することに。フックには直観的にわかるように、色違いのキャラクターのシールを付けてラベリング。「黄色のほうに捨ててね」と声がけすれば、文字の読めない小さな子も簡単にゴミの分別ができました。

かのえつこ（神奈川・右左）

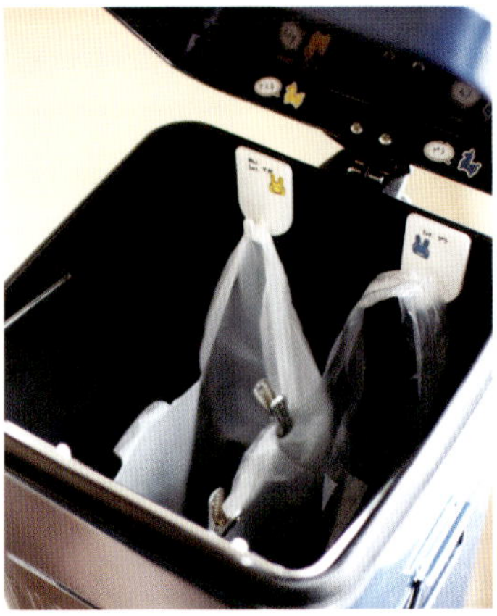

袋を掛けるだけ

始まりはゴミ箱本体の掃除がストレスだなと感じたことでした。掃除する対象がなくなればいいんだ！ とレジ袋専用のホルダーを使用していた時期もありましたが、結局、床にものがあると掃除機をかけるのが面倒になると気づき、フックにレジ袋を直接引っ掛けるようになりました。私にとっては一番ラクができると気に入っています。

会田麻実子（東京・右右）

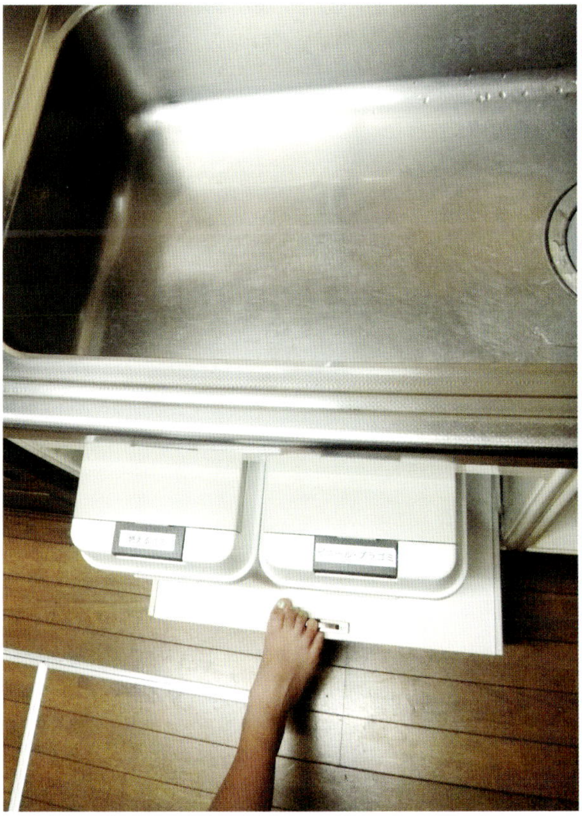

足で引き出すズボラさん向けゴミ箱

キッチンにゴミ箱が出ている状態がイヤなので、シンク下に隠してしまいました。シンク下の収納扉を取り外し、底部にスライドを取り付け、上方向に取っ手を付けています。なぜなら、足で引き出したいから！　スッキリ隠したい。でもゴミはすぐに捨てたい。そんな私にピッタリのゴミ収納です。

後藤邦江（埼玉・右右）

ゴミ

自治体指定のゴミ袋も吊り下げ方式を採用

自治体指定のゴミ袋に、穴開けパンチで穴を開け、フックに掛けて吊り下げ式にしています。ポイントは普通のS字フックではなく、無印良品の横ブレしにくいフック小にしているところ。ちなみに、1枚ずつ上から取ることもできますが、引っ張るほうが私は取りやすいと思います。わが家ではあまり使わないサイズですが、確実に使うことのある10ℓサイズのゴミ袋。脚立をどかし、引っ張るだけで取り出せます。
森 麻紀（愛知・右右）

単身赴任宅、ストレスなし！のラクラクゴミ捨て

単身赴任の夫宅はキッチンが通路にあるタイプ。邪魔にならないようシンク下に設置しました。蓋付きであることと見た目からペリカンにしました。シンク下の奥行きもサイズもピッタリ。蓋は開けたまま固定できるので、片手動作が可能。丸洗いでき、衛生的。生ゴミはレジ袋に入れ、縛ってから入れるので、ニオイも気になりません。もうひとつはレジ袋の投げ込み収納用にしています。ゴミ箱の上に同色のカゴを置き、可燃用ゴミ袋を収納。時短と、考えずに動けることという夫の希望どおり、無駄なくスムーズです。
鈴木知子（東京・右右）夫の利き脳（右右）

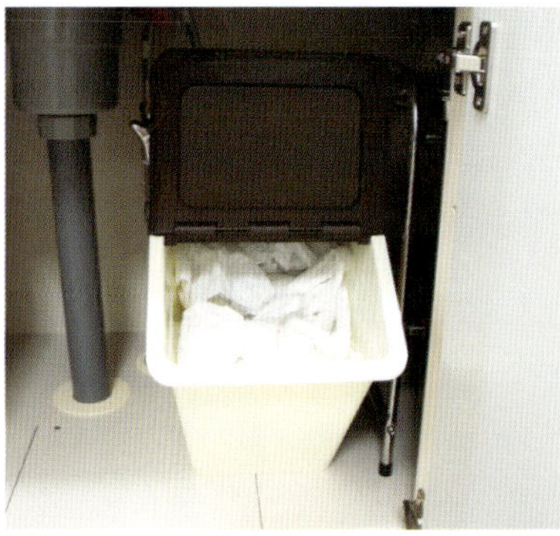

ゴミ箱をするーっと引き出せるように

ゴミを捨てるときやゴミ出しのときには、ゴミ箱を引き出して使っています。オプションのキャスターもあるのですが、それを取り付けると高さが5〜6㎝高くなり、上の空間が少なくなるためゴミが捨てづらくなります。この滑るシートを底面に貼ると、高さは変わらず、するりと引き出せるので、貼っていなかったときより、引き出すときの力もかからず、床面の突っ掛かりもなく、引き出す部分の床に汚れがつくこともなくなりました。　木場めぐみ（埼玉・左右）

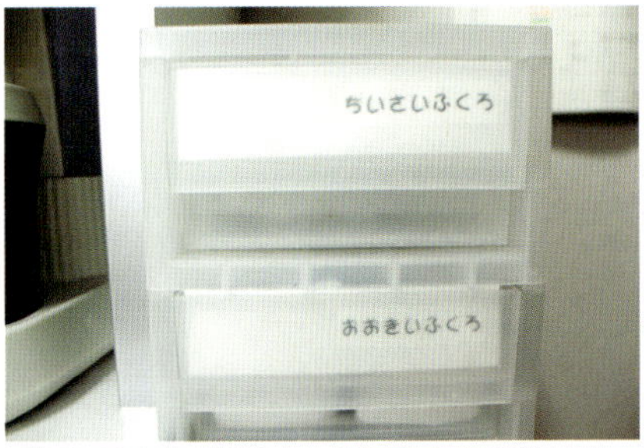

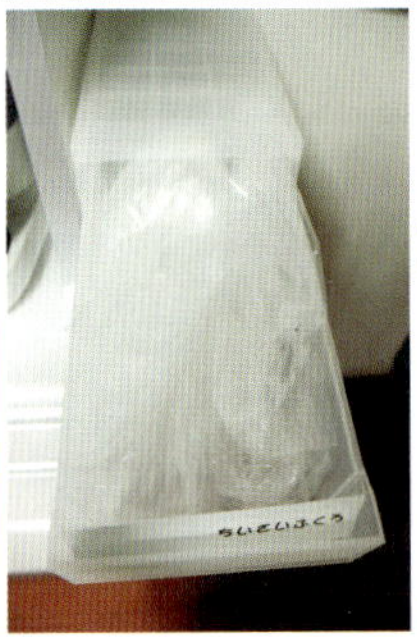

シンプルでサイズ自由なゴミ箱

部屋になじむようシンプルでコンパクトなゴミ箱を探しましたが見つけられず、無印良品の食品ストッカーを好きなサイズで組み合わせゴミ箱として使用しています。ゴミ箱が大きいとゴミも詰め込んでしまいがちですが、サイズを小さくしたことでゴミを減らすよう意識するようになりました。汚れてもシンクですぐ洗えるので深いゴミ箱より手入れもラクチンです。　佐藤美香（神奈川・右左）

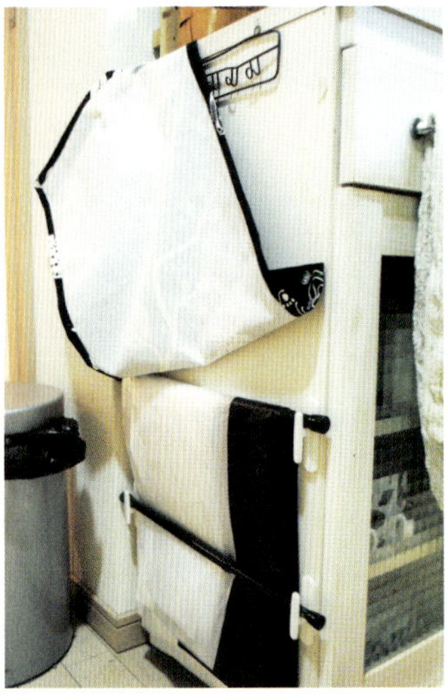

片手で取れるゴミ袋ストッカー

100円ショップの突っ張り棒2本とカーテンの房かけフックを使ってゴミ袋ストッカーを作りました。下の突っ張り棒がゴミ袋を押さえているので下から片手でゴミ袋を取ってもほかの袋がずり落ちません。好きな布で目隠しすれば普段は目立たず、ゴミ袋の横に設置すると交換もラクです。

中村佳子（兵庫・左左）

勝手口の大容量＆ラクラクリサイクルコーナー

一般的なゴミ箱は筒形が多く、45ℓのゴミ袋を設置すると袋を取り出しにくく、ゴミ袋をフルに使えていないストレスがありました。こちらのゴミ袋ホルダー（山崎実業ルーチェ分別ゴミ袋ホルダー）は大変簡易なシステムながら見た目もよく、ゴミ袋をフルに使用できて大満足です。蓋には種類と曜日をテプラでラベリングしました。

中里裕子（滋賀・左右）

レジ袋 ポリ袋

かさばる袋類を
スッキリさせる方法です

ビニール袋の生活感を隠す モノトーン収納

キッチンの消耗品、ビニール袋と排水口ネット。どうしても生活感が出てしまいます。その生活感がイヤで、大好きなモノトーンのカラーにこだわった収納ケースにしています。こんな小さな場所にも、大好きを取り入れることで、引き出しを開けるたびにうれしくなり、毎日の家事も楽しくやることができています。　中嶋ひろみ（山形・左左）

丸めてポイッとレジ袋

あると便利なレジ袋ですが几帳面に三角形にたたむなんて私には無理。冷蔵庫に取りつけてざっくり丸めてポイッと放り込むだけ。BOXがいっぱいになったらためすぎサイン。これ以上ためこみません。ルールを決めることでレジ袋があふれかえることがなくなりました。夫も率先してレジ袋を丸めてポイッとしてくれます。　新倉暁子（東京・右左）

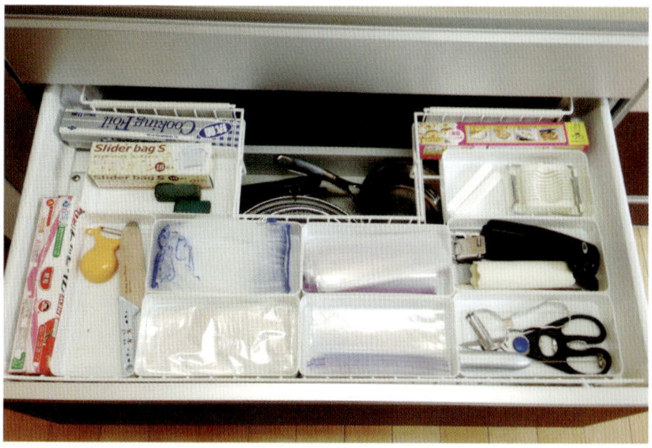

濡れた手でもサッと取り出せるビニール袋収納

ジップロックなどのビニール袋は調理中に使うことが多く、箱から取り出すときに濡れた手で触ると箱も濡れて汚れるのがストレスでした。そこで「箱がなければいいじゃない！」と、箱から取り出して収納することにしました。使ったのはダイソーの粘土入れ。ビニール袋を種類別に入れて、シンク下の浅い引き出しに入れています。パッと見てわかり、濡れた手でも1枚ずつサッと取り出せてストレスが激減しました！　むらたますみ（兵庫・右右）

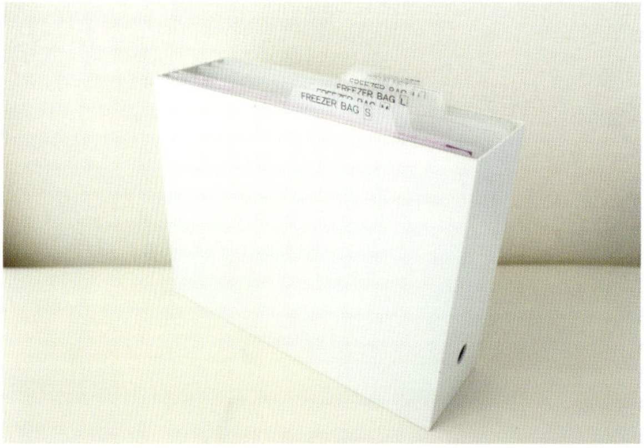

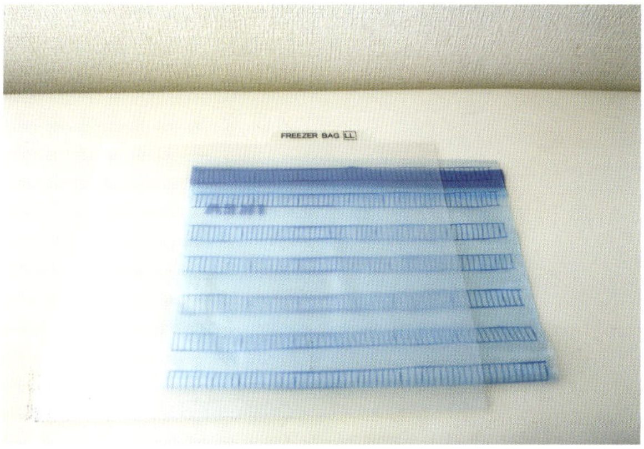

書類用のフォルダでフリーザーバッグ収納

クルクルと丸められて箱に入っている、フリーザーバッグ。そのまま使っていると、何枚もまとめて出てきたり、箱が破れたりしてストレス！　そこでわが家では、書類用の個別フォルダに挟むだけの簡単収納に。サイズ違いのフリーザーバッグや、水切りネット、新聞紙など、シンク周りで使うものをフォルダに挟み、ファイルボックスに入れるだけ。個別フォルダはPP製を使用しているので、シンク周りでも安心です。詰め替えるときもサッと挟むだけ、使うときもサッと取り出すだけ。あのイライラから解放されました。　井手本亜希（広島・右左）

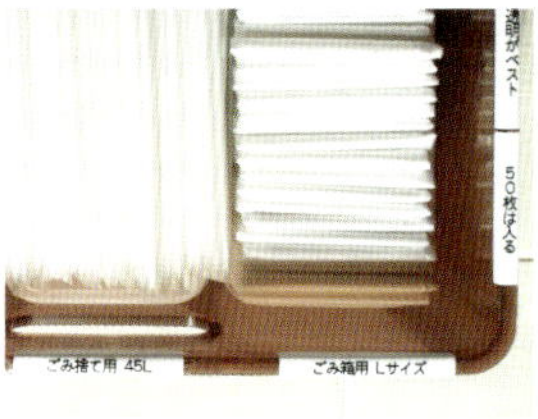

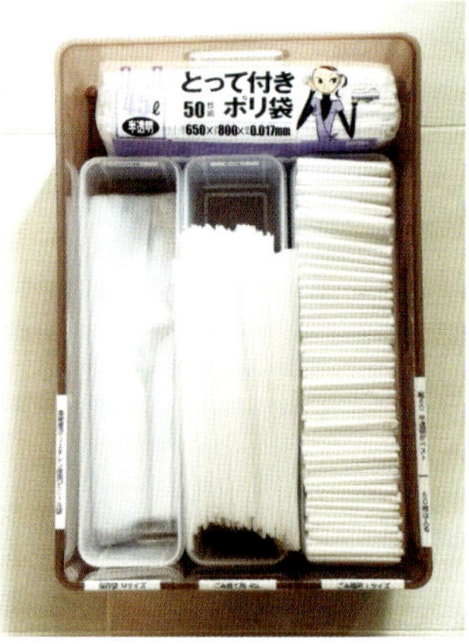

家族誰でもサッと簡単ゴミ出し準備

市販品のみを1枚ずつたたんで収納しているので見た目がそろい、取り出しやすい。時間と気持ちに余裕があるときにたたむようにしているので苦はない。たためないときはたたまず所定の位置に入れると決めているので「できない」という負担もない。買い物などで使用した袋はたたみにくいので丸めてゴミ箱の底に入れ次に使用するようにしている。これによって、家族誰でもゴミ箱セット＆ゴミ出し準備ができるようになりました（たまに泊まりに来る母たちもできます）。

田中知津子（神奈川・右左）

引き出さなくても取れるラップ＆在庫管理

キッチン背面の収納に無印良品のPPケースを設置。上部の引き出しは外してラップ、アルミホイル、クッキングシートを入れて扉を開けたらすぐに取り出せるようにしています。下の引き出しにはストックバッグやビニール袋などを入れています。ケースの横にはラップ類のストックを1つずつ置き、ここからなくなると買い足すようにして買いすぎ防止＆在庫管理しています。

下村さなみ（神奈川・右左）

再利用ビニール袋入れ（空き箱利用）

かさばる使用済み透明ビニール袋。再利用する袋の収納スペースとして、もともと新品のビニール袋が入っていた空き箱を利用。クルクル丸めて、箱の中に押し込むだけ。あふれにくく、あふれたら、それ以上は保管せず処分。再利用する透明ビニール袋用、新品のビニール袋、再利用する10ℓのレジ袋用と、3つ同じ箱でスッキリ。

伊藤さとみ（愛知・左左）

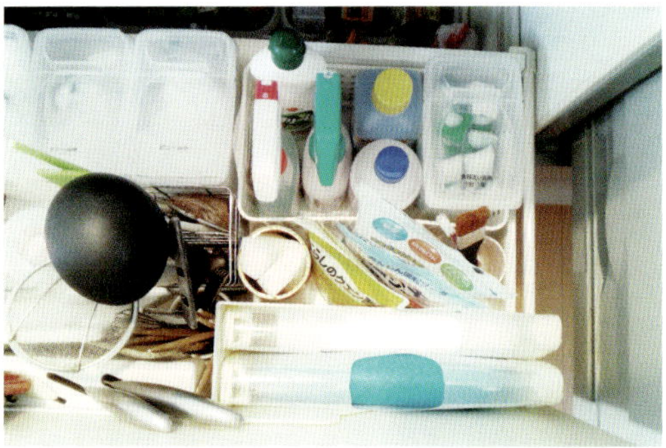

スッと引き出せ掃除もやる気になるコーナー

100円ショップにあるファスナー開閉タイプのファイルケースの背の部分に穴を開けたものに厚紙を軸に二つ折りにしたゴミ袋と排水ネットを入れて立てて収納。ファイルボックスに立てることで倒れないようにしています。引き出しを開けて穴からスッと引き出すだけで袋が取れるのでとてもラク。その近くにお掃除グッズを設置することで毎日の排水ネットの交換ついでに掃除をしようと思え、排水部分のキレイを維持できています。

下村さなみ（神奈川・右左）

雑貨 掃除

小さなストレスフリーが
大きな心地よさにつながります

吊るして乾かす―これが一番すっきり乾く！

食器洗い用スポンジは、使用後すすいでしっかりと絞ったら、吊るして乾かします。キッチンの窓に渡した突っ張り棒にかけたピンチでスポンジをつまむようにして干しています。窓辺なので、風が通ってよく乾きます。スポンジの下に食器洗い用洗剤を配置。食器洗いのちょっとした動線短縮につながります。

かのえつこ（神奈川・右左）

デッドスペースに
キッチンペーパーを設置

デッドスペースを利用して置き場所に困るキッチンペーパーを設置しています。吊戸棚下の凹み部分を利用して突っ張り棒で吊るしています。キッチンペーパーはよく使うキッチン作業台の真上。使いたいときにサッと手が届き、使いやすさ抜群です。凹みがあるため吊るしていてもキッチンカウンターからも目立たず、見た目もスッキリです。

原田ひろみ（兵庫・右左）

苦手なキッチン掃除もハートでときめきながら

私は掃除が苦手です。でも、毎日使うキッチンに掃除は避けられません。ならば少しでも楽しく……と、かわいいハートのメラミンスポンジを愛用しています。そのかわいさに使うたびにときめいて、苦手な掃除をしているのに、楽しい気分になるのです。中嶋ひろみ（山形・左左）

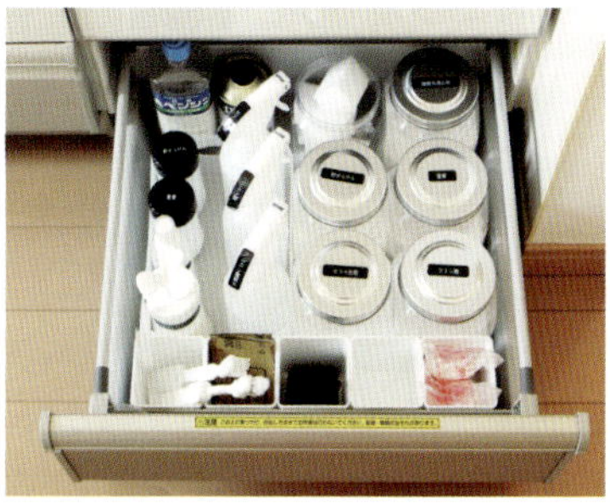

お掃除道具セット

食洗機下の引き出しに掃除道具をまとめて入れています。上から見やすい位置にラベリングしています。スプレーは無印良品のものです。アルミ蓋の容器はセリアのものです。

いのうえみさき
（千葉・左右）

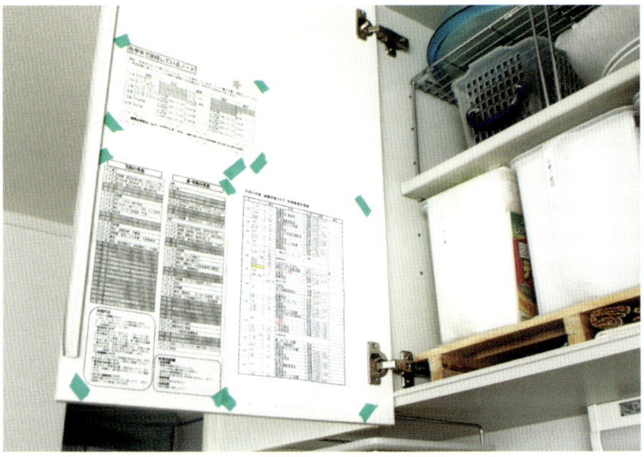

見えないと忘れちゃうけど見えすぎるのもイヤ

子どもの学校年間行事表、使用するノートの仕様、学童の年間行事表、当番表など、必要なときにすぐに確認できるようシンク上の扉の内側に貼っています。　佐藤美香（神奈川・右左）

レシピ プリント

料理や片づけの途中、濡れた手でもササッと確認できます

定番料理のレシピを集めたファイルボックス

わが家の定番料理のレシピを「牛肉」「豚肉」「魚」など、私がわかりやすいワードで個別フォルダに分け、ファイルボックスに収納しています。よく作るレシピと、「今後、作ってみたいレシピ」を分けているので探しやすいです。料理中、濡れた手で触っても、紙が汚れないように、クリアポケットに入れています。「魚」料理のレパートリーが少なかったのですが、意識して増やし、献立のバランスもよくなりました。　甲斐祐子（佐賀・右右）

3人分の学校プリントを小スペースで管理

子どもたち3人のプリントを小スペースで管理できるうえ、濡れた手でもつまめる両面確認可能な吊り下げスタイル。冷蔵庫の側面を使うことで見た目もスッキリ。持ち物・予定の再確認はもちろん、朝の声かけにと大活躍。「行ってらっしゃい！」の前に「今日は○○だね！」と声をかけると子どもたちもニコッとなります。

北村めぐみ（千葉・右右）

便利グッズ

ライフオーガナイザーに人気！
「キッチンが楽しくなる」アイテム8

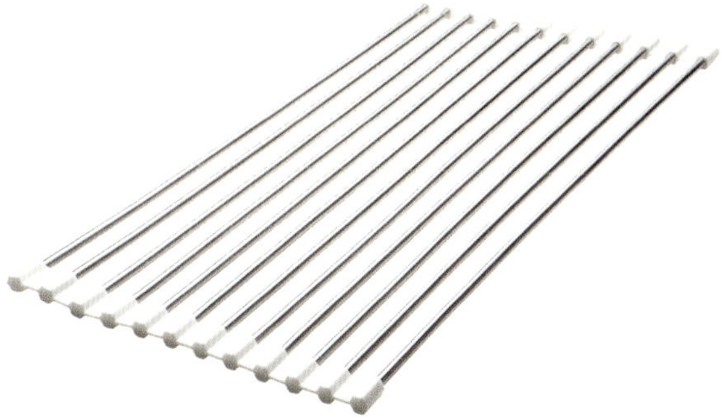

MADVIKENマドヴィーケン
水切りラック折りたたみ式

食器や根菜を洗って水切り、ゆでた野菜を冷ます間のザルをのせても。さっと置くだけなので、どのキッチンでも使えます。手入れも立てて乾かすだけのシンプルなデザイン。使わないときはくるっと丸めてコンパクトに収納できます。　江口彰子（愛知・右右）
イケア・ジャパンカスタマーサポートセンター TEL. 0570-01-3900

ダロプラスト スクエアストレージコンテナ／ランチボックス

保存容器に求める条件は、中身が見えること！ 忘れてしまい腐らせてしまうという残念な経験を経て行き着いた条件を満たしつつ、モジュール設計、四角い容器で重ねて無駄なくしまえることもおすすめポイント。私は白を愛用中。　鈴木尚子（神奈川・右右）
ラ・クッチーナ・フェリーチェ　http://www.lacucinafelice.com/

プレミアムシリーズゼスターグレーター MP0611

このおろし金で生姜をすると繊維が残らないくらいきれいな仕上がりになり感動します。パルメザンチーズも同様でフワフワサラサラな状態に。スポンジでサッと洗い流せ、手入れもしやすい優れものです。
大竹美香子（神奈川・左右）
IKESHO（株）池商　http://www.ikesho.co.jp

シリコーン調理スプーン

お玉と木べらの良いとこ取りをした、あんかけ・炒め物・煮物などの調理からサーブまで使える万能スプーン。色濃いトマトソースによる変色の心配もなく、お鍋やフライパンも傷つけにくい。見た目も格好よく、生活感漂いがちなキッチンをシャープな印象に変えてくれる一品です！

松林奈萌子（千葉・左右）

無印良品 池袋西武
TEL. 03-3989-1171

高品質泡立つクリーナー ネット5個組

黒色なので汚れが目立ちにくく、食器の汚れはもちろんですが、スポンジ自体の汚れ落ちもとてもよいと感じています。厚みがないので手になじみ握りやすく、黒色のスポンジにしてはコスパがよいところもオススメです。

森 麻紀（愛知・右右）

株式会社ワイズ
http://www.wakog.com/

ポップコンテナ

この容器の一番の特長は片手でワンタッチで開けられること。調理中は片手が汚れていることが多いので、いちいち手を洗わなくてもサッと開けられるところが便利。重ねて収納できるので、見せる収納も楽しめます！

小竹三世（富山・右右）

OXO（オクソー）
www.oxo.com

UCHIFIT キッチンペーパーハンガー

これまでは、キッチンに置くと場所をとること、カバーがなくホコリがつくことが気になっていました。シャープなデザインでこれらの悩みを解決!! 工夫された切り口で、片手で切れるため調理を中断せずに使えるところも魅力的。

大滝愛弓（新潟・左右）

オークス株式会社 http://www.aux-ltd.co.jp

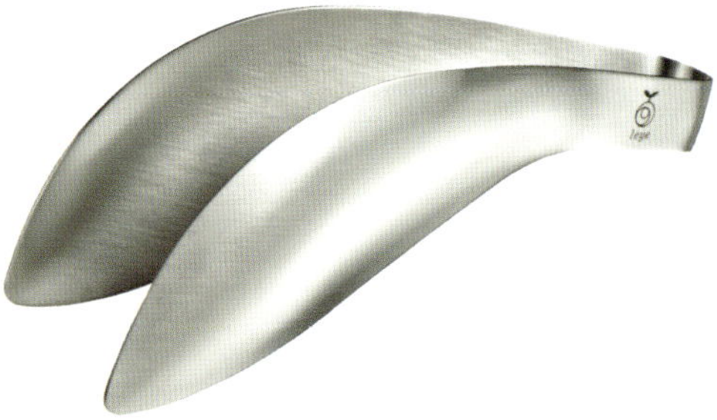

leye ゆびさきトング

ステンレス製で継ぎ目がなく、洗いやすく清潔。トングの尖ったほうは、しゃぶしゃぶ肉や生ハムを1枚ずつきれいにはがすことができます。フライの衣付けにも手を汚さず使えるので気に入っています。

木村佳子（大阪・左右）

オークス株式会社
http://www.aux-ltd.co.jp

レジカゴバッグで時間短縮

食品スーパーでの買い物で案外時間がかかるのが、お会計後の「食品の袋詰め」。会計時に、レジカゴ用エコバッグを広げて店員さんにお願いすると、買ったものを詰めてもらえますので、自分で詰め替えることもなく、そのまま持ち帰ることができます。混雑する時間帯などは、空いているサッカー台を探すという手間もなくなります。　吉本雅代（埼玉・左右）

居酒屋に学ぶ「だけ料理」

居酒屋メニューは「だけ料理」のいい例。冷奴、枝豆、もずくをはじめ、トマト、きゅうり、練り物は切るだけ。じゃがいも、かぼちゃ、根菜や葉物はゆでるだけ。野菜全般、肉類、魚介類はグリルで焼くだけ。お好みの塩や醤油、質のいい調味料で味付けも楽に。子どもが素材の味を知り、食育にもなり一石二鳥です。忙しいママの味方です。　託摩美由紀（熊本・右左）

[買い物術その1] エコバッグ3姉妹！

食材の買い物は帰宅後にしまうのが面倒でした。実母の、袋に入れる段階で冷蔵品を仕分けていたことをヒントに3種類のエコバッグを用意。①保冷機能付：冷蔵凍品用 ②野菜・果物用 ③袋・缶詰など常温品用の3つです。帰宅後は何も考えずに①→②→③の順でスムーズにしまえ、急なときは「①だけしまっておいて」と家族にも頼れます。

[買い物術その2] カートダブル使い

「エコバッグ3姉妹」に仕分ける前段階として、スーパーでは常にカゴ2つをカートへ。カート上段には、②の野菜・果物、カート下段には①③の冷蔵・常温のものを、買い物時から仕分けて入れていく。レジでは上段→下段の順に会計。下段を会計している間に会計済み上段のものをエコバッグ②にしまうことで、時短＆帰宅後の流れのスムーズ化を図っています。

大山結望（東京・右右）

お好み焼き粉でスピードフライ

共働きのわが家。平日の夕飯は時間との勝負です。塩・こしょう、小麦粉、卵の代わりに、余ったお好み焼き粉を利用します。トロトロに溶いたお好み焼き粉に、肉、海老などの食材をまぶし、パン粉をつけて揚げる。揚げたものは、キッチンペーパーを敷いた魚焼きグリルに仮置きし、油を切ります。　木村佳子（大阪・左右）

アイデア

ライフオーガナイザーが 実践している キッチンらくらくアイデア

1度の手間で2度おいしい!

下ごしらえした材料を1度に使いきるのではなく、半分は取っておいて次の日に別の料理に使います。たとえば、きゅうりは薄切りを塩もみしたら2つに分けて1日目はポテトサラダに、残りは密閉容器で保存しておき翌日わかめと酢の物にします。1度の手間で2回違う料理が食べられますし、1日に食べる品目が多くなり一石二鳥です。

尾崎千秋（東京・左左）

魚焼きグリルをフル活用!

スペースが限られているキッチン、わが家では魚焼きグリルもフル活用です。魚焼きグリルの形状は油切りバットとそっくり。魚焼きグリルにキッチンペーパーをのせれば引き出し式の油切りバットに早変わりです。揚げ物鍋と最短距離で置けて、調理後も網のみ洗ってお手入れ楽ちん。

新倉暁子（東京・右左）

保存袋フリーズ収納!

食材用保存袋は再利用の際、乾きが悪いうえ、キッチンがどこか雑然とするのもストレスでした。そこで、洗ったら周りだけを拭き冷凍庫保管（収納）にすることに。キッチンはスッキリのまま、中身の凍った水滴を払うだけですぐに使用できるというお手軽さ。保存袋使用のハードルがグンと下がりました。

大山結望（東京・右右）

水溶き片栗粉でグリル掃除

300mℓの水に片栗粉大さじ4を溶いたものを受け皿に流し込み、いつものように魚を焼きます。冷めると片栗粉がプルプルに固まって、ペローンとはがれます! あとは洗剤で洗ってよくすすぎます。手やスポンジが臭くならず、何より「ペローン」とはがれるのが楽しくて、グリル掃除が苦にならなくなりました。

木村ミユキ（愛知・左右）

忙しくてもママの味!
2倍冷凍作戦

子どもが小さいときや、仕事をしているいま、料理をする時間がないときのために普段の食事を多めに作って冷凍しています。カレーやミートソース、ハヤシライスは倍量作って残りは冷凍。お弁当用にひじきの煮物や卵焼きも冷凍します。忙しくても買ってきたお惣菜や冷凍食品に頼らず、家族に手料理を食べてほしいという気持ちから考えた作戦です。

まついまり（東京・右左）

グリルで魚を焼いたあとの
ニオイを軽減する方法

いただきものの紅茶が好みの味でないものは飲まずにたまるので使い道を考えました。グリル皿に水と茶葉を入れます。魚を焼いている間に茶葉が温まり香りが出て魚の臭みが軽減。出がらし、日本茶、ハーブティーでもOK。難点はグリル皿が紅茶で染まること。でも私はニオイのほうがイヤなので気にせず使っています。

熊谷智子（京都・右左）

いつでもホームベーカリー

ホームベーカリーで一番面倒なのが材料の計量。そこで、計量を済ませた材料（イーストを除く）をポリ袋に入れた『パン種』をいくつか作り冷蔵保存しておきます。パンを焼きたいときに『パン種』と水、イーストをセットすれば準備完了。忙しくても、時間がなくても計量作業さえ済ませておけば、あとは簡単、ラクラク!

北村めぐみ（千葉・右右）

食洗機は働き者

食器洗浄機は食器だけでなく、凹凸の多い水回りの小物洗いに最適。水切りカゴ、カトラリースタンド、まな板置き、換気扇フィルター、五徳、洗面所用コップ、歯ブラシスタンド、石けん置きなど。耐熱性が高い製品であれば丸洗いOK。かなりの手間が省けるうえに、油のベタベタやくすみも取れピカピカになります。

北村めぐみ（千葉・右右）

profile

鈴木尚子

ライフオーガナイザー。SMART STORAGE!代表。
10数年に及びアパレル業界でデザイン・企画・人材育成業務に携わり、出産後専業主婦となる。
出産後整理収納アドバイザー1級、さらに、思考と空間を整理する手法「ライフオーガナイズ」を学び、マスターライフオーガナイザーの資格を取得。またアパレル勤務の経験とセンスを活かして、パーソナルスタイリングのサービスも展開し、日本初のクローゼットオーガナイザー認定講師として人材育成にも携わる。
お客様のお悩みをトータルで解決すべく、家族の関係性を大切にした空間づくりに定評があり、「ラクに、楽しく、美しく」をコンセプトに、数々の女性の悩みを解決に導く。

staff

企画・制作　橋本麻紀（ランチボックス）
デザイン　三木俊一＋仲島綾乃（文京図案室）
撮影　和佐田美奈子　齋藤誠一
校正　柳元順子
DTP　アーティザンカンパニー
取材協力　クリナップ・キッチンタウン・東京
TEL. 03-3342-7775
水曜定休　営業時間 10:00～17:00

ライフオーガナイザーによる
心地よい人生を送るための暮らし方
100%リアルキッチン

2015年10月16日　初版第1刷発行

責任編集　鈴木尚子
監修　一般社団法人日本ライフオーガナイザー協会
発行者　川金正法
発行所　株式会社KADOKAWA
〒102-8177 東京都千代田区富士見2-13-3
0570-002-001（カスタマーサポート）
年末年始を除く平日10:00～18:00まで

印刷・製本　図書印刷株式会社

ISBN978-4-04-067927-3　C2077

Printed in Japan
http://www.kadokawa.co.jp/